Essays on Education

史賓塞的快樂教育

暢銷珍藏版

尊重孩子權利、避免過度學習的107個快樂提案，
培養自主學習/獨立思考/同理他人的特質

赫伯特．史賓塞（Herbert Spencer）──著
顏真──譯

來自世界各地一致推崇

《史賓塞的快樂教育》是世界重要的教育著作。這樣一位著名的思想家，有權利要求人們恭敬傾聽他的意見。同時在本書中，他提出的有力觀點，也是許多著名教育學家的共同主張，這些觀點預示著教育的未來。

——英國劍橋大學教育專家**奎克**（Robert Hebert Quick）

對於如何訓練孩子，《史賓塞的快樂教育》是繼盧梭《愛彌兒》之後，最有用、最深刻的教育著作。

——法國教育家**加百列**（Gabriel）

很少有人像史賓塞一樣，在各個國家、各種階層的人民中，有那樣大的吸引力。他像閃電一樣，衝擊著美國和英國的學校教育。在美國，他的思想統治美國大學達三十年之久。他是一位真正的教育先鋒。

——美國哈佛大學校長**艾略特**（Charles W. Eliot）

《史賓塞的快樂教育》是美國和英國最多讀者的教育名著，很多人把史賓塞看成是人類歷史上的第二個牛頓。我認為，在現代教育史上，他是一座紀念碑。

——美國著名哲學家、教育家、心理學家**杜威**（John Dewey）

佳評如潮2

來自臺灣讀者的熱烈迴響

《史賓塞的快樂教育》是一本令教師、家長受用無窮的教育經典書。史賓塞說：「教育的最高目標，應該是培養一個能夠自治、自省、自我教育的人。」這本書為這個教育目標提供了許多美好、實用的建議，讓教育工作者可以協助孩子在快樂自信的氛圍中養成自己、成就自己。很棒的一本書，真心推薦！

——知名親子教育類部落客**水瓶面面**

同在教育的路途上，常在當中會迷惘、困惑，這時恨不得能有許多的經驗獲得分享，或是能從書籍中去吸取經驗，所以藉此機會希望將這本書分享給也在教育工作崗位上的朋友，其實「學習可以快樂，優秀可以教育」。別被孩子打敗囉！

——高雄市後勁國中老師**曾元玨**

如何一直秉持著讓孩子在快樂中成長學習，需要一本好書來時時提醒自己，否則生活的壓力、孩子成長的不確定因素，肯定會讓你的教育初衷，偏離了方向……

——電台主持人**阿珮**

代序 培育未來主人翁的經典著作

◎顏真

世界上有兩種思想：一種隨著時代的變化而產生，也隨著時代的結束而宣告過時，有的甚至隨著時間的推移而被證明是錯誤的；另一種也是隨時代的變化而產生，但卻對人類有著永恆的價值，就像寶石，經過光陰的琢磨，反而更加光彩奪目。

英國哲學家史賓塞（Herbert Spencer）所倡導的「快樂教育」，就是屬於後者！

在過去一百年裡，哪部教育著作對歐美國家的父母和老師影響最大，讀者最多？哪種教育方法培養出來的優秀人才（包括在許多領域被稱為天才的人）最多？

《史賓塞的快樂教育》無疑正是這樣的一本書。

許多有名的教育方法，後來都被證明只是個別有效、無法移植的，而史賓塞的教育則被證明是普遍適用的，因為它揭示了人性和心智發展的規律，而使孩子和父母受益。

正因為如此，許多科學家、教育家稱史賓塞為「**人類歷史上的第二個牛頓**」。

美國哈佛大學校長艾略特稱他為「**一位真正的教育先鋒**」，「**他的思想值得每一位家長和老師聆聽**」。

美國著名哲學家、教育家和心理學家杜威稱他為「**教育史上的一座紀念碑**」。

英國劍橋大學奎克教授形容他「**預示著教育的未來**」。

史賓塞是美國教育改革的先導

他的教育著作出版後不久，美國教育界著名的「十人委員會」和「十五人委員會」，很快的決定對美國的大、中、小學課程設置和教育方法，進行全面的改革。這次改革幾乎完全採納了史賓塞的思想，從而奠定了美國近一百年來的人才優勢。

史賓塞是每個家庭培育國家未來主人翁的指南。

很少有教育家像他一樣，在各個民族、各種階層中有這麼大的吸引力。他像一道閃電衝擊著美、英、法、意等國的教育，特別是在美國，他「統治」大學的時間達三十年之久。許多家庭和學校都競相購買他的教育著作，做為培育孩子的指南。

他先後獲得了十一個國家、三十二個學術團體和著名大學的榮譽稱號，並被提名為諾貝爾文學獎的候選人。

把這樣一本對世界上許多家庭和學校有巨大影響力的書，推薦給中文世界的父母和老師，除了它本身所具有的價值外，還有一個重要的原因，那就是中國大陸或臺灣現在

及未來十年，將發生令人耳目一新的變化，這種變化對教育會產生新的需求，我們需要借鑒一些經驗，以適應這種變化。今天的孩子，無疑都是未來社會的主人翁，未來需要什麼樣的人？什麼樣的人才能贏得未來？如何培育未來的主人翁？

我們可以藉著本書對未來的種種變化，做一個簡單的預測，這有助於每一位父母看清變化的趨勢，從而調整對孩子的教育方法。

少數人才能受高等教育的歷史正在改變

現在的孩子將面臨比以前更多受教育的機會，他們每個人發展的可能性大大增加，他們的潛能將得到尊重和開發，每個人在社會中都將是重要的。那種過去有限的教育機會使少數人更聰明，而絕大多數的孩子似乎不聰明的歷史顯然已經過去。事實將會證明，絕大多數的孩子都是聰明的，只是過去的機會太少而已。

傳統的人才選拔方法將改變

傳統的考試方式會大大的浪費和誤判人才，教育資源「僧多粥少」，使得出題者出現愚蠢和荒謬的情形。這種考試方法必然會改變，許多社會有識之士已經看到了這一點。以更科學的方法選拔人才，必定會代替傳統的考試方式，運用知識的能力、科學思維的能力，和對綜合素質的考核，將得到重視。

傳統的名校神話將被打破，新而有特色的名校誕生

社會對人才的需求更加傾向於實用、實才，而不僅僅看是否是來自名校。公眾對名校的認同也不再只是看歷史和資源，而更加注重它培養人才的方法和它所提供的人才的社會價值。因此，新的名校將會產生，特別是一些有專業特色的名校，一些突出的人才將會產生在這些學校，成為學校價值的有力證明。

社會選拔的壓力會大於目前升學選拔的壓力

升學壓力只有在教育機會很少的時候才那樣巨大。在教育機會和人才成長機會都增加的時候，真正的壓力來自社會而不是學校。這會促使人們注重如何提高實際能力而不是升學能力，許多升入名校的人也同樣面臨社會的再選擇（出身名校不再是就業的保證）。為考試而學習，將轉向「為適應社會需求而學習」。

統一命題將會被個性化命題所取代

除了一些共同科目外，大部分的考試命題將會地方化、學校化，完全封閉的統一命題方式，也將逐漸被個性化的方式所取代。這將徹底改變目前的應試教育方式。

教育腐敗將會大大被扼制

不得不承認，現在的教育腐敗是非常嚴重的。錯誤百出、低級荒唐的輔助教材，以強制的方式向學生大量推銷，以致學生學到的許多知識都是錯誤的。

好的教育使未來主人翁更具競爭力

國家競爭力的關鍵在於人才，這一觀念會被更多人認同，教育改革將會更趨完善，各種合理、有效的模式，將會得到認可、推行。社會越來越把教育視為社會未來發展的基礎，並且以理智、科學的精神，提出完善的計畫。

以上，我們所預測的所有變化，值得每位父母和老師以適應未來的方式來培育人才，因為每個孩子都是未來的一部分。

史賓塞的教育方法與教育理論，恰恰適應未來的這些變化，他的教育著作是父母和老師最好的教科書，是培育未來主人翁最好的指南。

願本書給每一位培育未來主人翁的父母與師長，帶來無限的希望。

Contents

史賓塞的快樂教育

第16章　培養孩子終身受益的習慣／229

第17章　培養孩子的獨立性／245

第18章　培養孩子健康的心理／253

第1章 天使的降臨

事實證明，如果對自己的孩子多一些擁抱、撫摸，
有時甚至是親暱的拍打幾下，
孩子在對外交往以及智力、情感上，都會更健康。
我認為，擁抱、撫摸、牽手，也是教育的一部分。

父母在孩子的教育中是不能缺席的。
孩子一旦降生，他既屬於家庭，又屬於國家和社會。
一個品行端正、有良好教養和技能的孩子，
長大後會對社會產生積極的貢獻。

培育孩子，也和父母們在社會中的其他工作一樣，
是有價值的。
我非常希望每個人都能認識這項工作的偉大意義。

我終於決定開始寫這本書了，對我來說，寫這本有關教育的半自傳、半札記的書，是一件輕鬆愉快的事，就像在充滿回憶的林中漫步，除了一些關於教育真理的思考外，更多的時候，我心中充滿了感動和溫馨。我常在想：感謝上帝，在我有限的生命中，給了我這樣寶貴的經歷，使我一方面實踐著祂的教誨，一方面體驗著成就一個生命的不易。我曾多次面臨考驗，是繼續，還是放棄，但我堅持了下來，並獲得生命中最大的快樂。這就是我對教育的發現。我曾用大半生的時間寫下了數十卷的著作，從天文、地理、生物，到心理學、社會學、倫理學。遵照上帝的旨意，幸好我沒有遺忘對教育的思考，這點讓我感到自己沒有虛度此生。

儘管這種經歷開始於不幸，但它最終成為一件幸運和富有啟示意義的事。所以，我之所以會思考對孩子最好的教育是什麼？正是從這裡開始的。

快樂法則1　從不幸開始的教育思考

我出生在英格蘭中部的德比城，我家房子後面，有一片長滿長春藤的小花園，隔開一大片草地的是日夜奔流的德文特河，河的對面就是德比城區。由於地處城市邊緣，又隔著一條河流，我們這裡的人都把自己居住的地方稱為「德比小鎮」。

我是家裡的第一個孩子。我的父親威廉・喬治・史賓塞，是當地很有名望的老師，他也兼收一些私塾弟子。我的祖父和兩個叔叔也都是教師。本來，我有很多兄弟姐妹，不幸的是，他們都很早離開了。先是妹妹露意莎，她剛滿兩歲就離開了人間，接連的弟弟、妹妹，也都是剛生下來不久，就病逝了。

父親一度認為這是上帝對他的懲罰，但他不知道自己曾犯過什麼大罪過。我卻以為，這是由於缺乏最起碼的育兒知識造成的。這也是我在以後的歲月中，花大量時間來研究生理、醫學的一個重要原因。

自從我的家庭遭遇了那許多不幸後，史賓塞家族就特別注重對新生兒的養育。

我的遠房兄弟丹尼・史賓塞，是和我一起長大的好朋友，他也是個出色的獸醫。在我二十五歲的那年，丹尼和鎮上的一位漂亮姑娘蘿莉結婚了。婚禮在家鄉的教堂裡舉行，幾乎所有史賓塞家族的人都來了。那天，陽光燦爛，天氣好得出奇，高高的白楊樹在微風中向他們祝福，雲雀在藍天上歌唱，風琴奏響了快樂的〈結婚進行曲〉，他們在神父的祝福中交換戒指。一切都是那麼美好，預告著新生活的希望。

他們婚後的生活寧靜幸福。不久，丹尼歡喜的告訴我，他們很快就會有孩子了，他希望孩子出生後，能夠由我來教育，我欣然同意。從那時候起，我就開始收集一些關於生物學和醫學方面的知識，熱心的提供給丹尼，比如：胎兒在五個月大時，就會有思想，這時開始胎教，有利於孩子大腦的發育；音樂，特別是柔和的音樂，對胎兒有良好

的影響；孕婦在洗澡時，不要用太熱的水……等等。我儼然成了育嬰專家，而丹尼對我的建議也言聽計從。

不久，孩子出生了，對史賓塞家族來說，簡直是一個天大的喜訊。他大大的眼睛，常常流露出專注的神情；他哭聲響亮，像鎮上的號角一般。大家都叫他小史賓塞。

沒想到這個可愛的孩子，後來竟然和我生活在一起。我對小史賓塞的教育就是從這開始的。小史賓塞兩歲那年，不幸的事發生了。那是一個風雨交加的夜晚，湍急的德文特河像一群脫韁的野馬，奔騰著從上游呼嘯而下，出診去的丹尼，再也沒有回來。一個幸福的家庭，被突然降臨的災難擊倒。半年以後，小史賓塞的母親含著眼淚把他託付給我，依依不捨的離開了。

於是，小史賓塞便和我一起生活了。我從來沒有覺得他和親生孩子有什麼不同，我是那樣的愛他，甚至可以付出自己的生命——如果非得如此的話。我終身沒有結婚。我的小史賓塞實在是太可愛了，不管是在精神上還是生活中，小史賓塞帶給我的歡樂，遠遠比我付出的更多。父親怕我一個人應付不來，特地從鄉下請來一位遠房親戚德賽娜，幫我照顧小史賓塞。她是個好心的鄉下婦人，雖然沒有讀過幾年書，有時還有些笨拙，但她和我一樣愛小史賓塞。

從此，我在進行科學研究的同時，也開始了對嬰幼兒早期教育的實踐和研究。

無論是出於喜愛研究的興趣，還是出於教育小史賓塞的責任，我都不得不去關注各

種教育，包括家庭教育和學校教育，也不得不由此而關注英國的教育制度，以及傳統的教育習俗，和必須知道的教育心理學知識。

請原諒我在接下來的內容中，不以嚴格的時間做為線索，而主要以教育中的個別問題來進行闡述，這樣將更有助於讀者清晰而完整的認識我的教育觀點。

雖然，我對小史賓塞的教育是由不幸開始的，但結果卻是令人滿意的，他在十四歲時，就以優異的成績被劍橋大學破格錄取，後來又在許多領域中有卓越的成就。和我不同的是，他在生活上富足而幸福，他是一個受人尊敬、熱情而富有愛心的人。

我承認，他不是一個神童，但我認為，他的成就比他們都大，而且，他生活幸福。

快樂法則2　擁抱和撫摸的奇蹟

小史賓塞的到來，使我們全家沉浸在一種忙碌的幸福中，但這並沒有中斷我之前對一所孤兒院的研究。事實上，這項研究給了我在兒童教育上莫大的啟發。

這是鎮上唯一的孤兒院，院長很喜歡和我聊天，並歡迎我對這裡的孩子進行研究。不久前，院裡的孩子們得了一種怪病，他們目光呆滯，沒有興趣到遊戲室玩，食欲不振，不時發出嘆氣聲。院長請來鎮上的歐尼爾大夫，但他也沒有辦法。院長想到了我，請我去試一試。

我觀察了一個下午，孩子們的沉悶讓我心痛。這一群失去父母的孩子，就像陽臺上的雛菊一樣，因為長期沒有澆水，已經慢慢枯萎了。

我決定從鎮上的學校，請來一些十幾歲的小女孩，和他們一起玩耍。這些女孩子的到來，立刻改變了孤兒院的氣氛。她們大聲的笑啊、鬧啊，把那些孤兒抱起來，親吻、擁抱、撫摸，沉悶的孤兒院像飛進了一群漂亮的天使。就這樣，每天下午，她們都來這裡待半個多小時，週末則待得更久。

不久，奇蹟發生了，孤兒院的孩子們活躍起來，有的還像風一樣繞著院子裡的白楊樹跑，他們眼睛發亮，食欲增加，身體明顯轉好。後來，院長好奇的問我：「為什麼會想到用這種方法？」

我告訴他說：「你記得《聖經》上的一句話嗎？——一個父親追趕自己的兒子，追呀追呀，拚命的摟住浪子的脖頸親吻。」

院長好像明白了，又問：「那孩子們得的是什麼病呢？」

「皮膚飢餓吧。這種需求，是食物無法滿足的，需要的是擁抱、撫摸。如果孩子長期得不到這種滿足，就會發育不良、智力衰退，慢慢會變得遲鈍。」

當然，我也把這個方法用在小史賓塞身上。事實證明，如果對孩子多一些擁抱、撫摸，有時甚至親暱的拍打幾下，孩子在人際以及智力、情感上，都會更健康。

我認為，擁抱、撫摸、牽手，也是教育的一部分。

快樂法則3　讓孩子遠離危險

一個陽光明媚的早晨，我沒有驚醒德賽娜和小史賓塞，獨自坐在窗前，沖上一杯濃濃的咖啡，一邊看剛剛送來的報紙，一邊享受清新的空氣。突然，一則消息把我的心都揪了起來：「倫敦兩歲男童慘遭風扇謀殺」。原來，當孩子的父親忘情的把孩子舉起，玩「拋高」遊戲時，孩子不幸的被飛快旋轉的電風扇奪去了性命。這則消息讓我不得不擔心起小史賓塞來。孩子的成長過程中，在一到三歲時，會面臨許多危險，每一個年齡層都有不同的危險。從此以後，我就開始留意收集這方面的資料。我針對孩子在幼兒期的生理特徵和環境特點，做了一些總結，雖然這似乎與教育無關，但我還是希望告訴所有的父母們。

（一）水桶的危險

一天，加爾文的母親正在打掃，只有一歲的加爾文在附近玩耍。當母親走開忙其他事時，加爾文爬到水桶邊，頭倒栽著跌進水桶，不幸溺死。孩子在剛學步時，常常頭重腳輕，很容易跌倒。裝滿水的水桶，也是嬰幼兒致命的危險。

（二）塑膠袋的危險

威廉斯四個月大的嬰兒在熟睡時，滾到床上的塑膠袋邊，他的鼻子和嘴吸住了塑膠袋，等威廉斯醒來後，兒子已經死了。由此可知，千萬不要在家裡亂放塑膠袋，特別是孩子睡覺的地方。

（三）氣球的危險

氣球比其他玩具更容易引起窒息。孩子在吹吸和咀嚼破了的氣球時，如果突然發笑，會吸入氣球皮，如果不小心滑入氣管，是很難弄出來的。

生活周遭常見的物品，可能都在不經意之間成了孩子致命的原因，父母應該多留心以避免危險。

快樂法則4 父母是世界上最重要的老師

轉眼間，小史賓塞已經三歲了。德賽娜、我、小史賓塞的爺爺，及鎮上的卡爾牧師，給他過了一個快樂的生日。在我看來，三歲的小史賓塞將和我一起翻開家庭教育新的一頁。如果說，以前我只是為了一些教育實驗與小史賓塞一起玩耍的話（實際上，在

玩的過程中，小史賓塞也得到了不少知識），那麼，接下來便應該開始真正的教育了。

晚上，送走來訪的客人後，我和德賽娜坐在火爐旁談到了這個問題。她說：「孩子的童年只有一次，讓他盡情玩吧，教育的事，等他上學再說吧。而且，在我們鄉下，教育主要是老師的事。」

我知道，照顧小史賓塞的日常事務已經使德賽娜很辛苦了，況且她只是一個見識不多的鄉下婦女，但我還是想告訴她我的觀點：在孩子的教育中，父母是不能缺席的。我希望德賽娜支持我的想法，於是，我告訴她一個關於教育的古老寓言。

三對夫婦的故事

在很久以前，有三對年輕人，他們在同一天結婚，也在同一天向上帝祈禱：「萬能的上帝啊，請賜給我們一個孩子，不管是男孩，還是女孩，請賜給他聰明、勇敢、愛心和健康。」第二年，正如這三對夫婦所求的，每個家庭都生下一個小寶寶。他們從此開始了充滿快樂、麻煩、忙碌的生活。

二十年後，這三對夫婦又來到了教堂，向萬能的上帝祈禱。第一對說：「上帝啊，祢為什麼要這樣懲罰我們？我們的孩子現在成了一個暴戾的人。」第二對說：上帝啊，求祢救救我們的孩子吧！他自私、貪婪，又一無所長，我們不知道他以後要靠什麼生活？」最後一對夫婦說：「萬能的上帝啊，感謝祢送給我們一個好孩子，他熱情、聰

明，又有愛心，簡直是我們快樂的泉源……。」

這時候，教堂的穹頂上突然被一道光照亮，一個聲音從光中傳出：「我的子民啊，二十年前，我應你們的要求，把三個可愛的孩子交給你們，他們都一樣聰明可愛，這是在他們出生時，你們都看到的。從那時候開始，你們誰不是沉浸在孩子降生的喜悅中呢？誰不心懷感激的誇獎自己的孩子呢？我送到你們身邊的孩子，都是一樣的聰明可愛，只不過每個孩子的特點不同罷了，他們每個人的潛能，都足以使他們成為社會的驕傲。但是，後來呢？你們之中的人，有的悉心去培養，像照料一粒麥種子；有的卻漸漸失去了耐心，不再去尋求教育孩子的方法，反而粗暴、簡單的對待孩子，導致孩子越來越愚鈍，甚至走上歧途。我的子民啊，難道你們還不明白嗎？

我要特別強調的是，在你們之中，那些悉心照料和培育孩子的，並不全是富有、具權勢的，有的甚至屢遭厄運，但他們的信心和耐心，使他們得到了應有的回報。有的儘管富有，但卻早早的在教育上拋棄了自己的孩子。」

教堂裡的三對夫婦，此時早已淚流滿面。他們都重新審視了自己和孩子。

聽完這個故事，德賽娜的眼眶泛淚，她說：「我雖然學識不多，但我一定照你說的去做。」

我一直認為，父母在孩子的教育中是不能缺席的。孩子一旦誕生，他既屬於家庭，

又屬於國家和社會。一個品行端正、有良好教養和技能的孩子，長大後也會對社會產生積極的貢獻。有的可能會成為影響整個社會的人；有的可能只對一個工廠、一個農場、一所學校，甚至只對一個家庭有貢獻，但總是良性的、積極的貢獻。相反的，品行不端、沒有教養、無一技之長的人，可能只會起破壞作用，成為別人痛苦的根源。因此，培育孩子，也和父母們在社會中的其他工作一樣，是有價值的。我非常希望每個人都能認識這項工作的偉大意義。

再說，學校教育對孩子來說是有限的，孩子在學校的時間，並不比在家裡與父母朝夕相處的時間長。學校可以教給孩子技能，培養孩子一定的品行，但這對一個孩子的潛能來說，僅僅是冰山一角而已。我這樣說，也許會遭到「學校主義者」的反駁，但這並不重要。我用一個比喻來說，對於孩子的教育，學校好比是白天，而家庭就是夜晚，但不要忘記，夜晚會發生很多看不見的變化。細心觀察一下就會發現，種子總是在夜晚發芽，人總是在夜晚長高的啊！

此外，家庭教育還拉近了孩子與父母的距離。有家長參與的教育和學習，會大大增強孩子求知的興趣和信心。

快樂法則5　孩子是家中的一面鏡子

《聖經》中說：「天國之中，孩子最大。」我對小史賓塞開始真正的教育後，才對這句話有了深切的體會。當時的我是維修火車的年輕技師，因為對教育的熱愛，在鎮上被視為具有文化素養的人。

孩子從三歲開始，就會試圖與外界接觸，並發展自己強烈的欲望，同時又會有固執、傲慢等表現，此外，孩子在這一階段最大的特點，就是喜歡模仿父母和周圍人的言行舉止。一天，我從火車維修機廠下班回來，看見小史賓塞把學習用的法語字彙卡片撒了一地，一個人坐在窗臺前逗鴿子玩。德賽娜見我回來，馬上對我說：「看看你的兒子吧！我實在拿他沒辦法，他一個下午都在逗那些鴿子，法語字彙一個都沒有學。」

上了一天班，我已經很累了，但我還是耐心的對小史賓塞說：「法語是世界上最準確的語言。來，我們今天只學一個字彙。」

「我討厭法語，我想跟你去修火車。」小史賓塞說。

「火車要等你長大了才能去修。現在學法語吧，就一個字彙。」

「我不學，我討厭法語。」小史賓塞固執的說。

「以前你不是說你很喜歡的嗎？」我盡量壓制住慢慢升起的怒氣說。

「有比學法語更好玩的，比如鴿子。」小史賓塞說。

我再也控制不住，大聲吼起來：「不學，就永遠不要學了！」

德賽娜也跟著說道：「就像賣鴿子的小孩。」

小史賓塞緊張而吃驚的看著我們，他顯然被我和德賽娜的吼聲嚇著了。但他並沒有離開鴿子籠，小手還機械的擺弄一些麥粒。

我真的很失望，抓起椅子上的工作服衝出家門。

黃昏的小鎮很安靜，空氣中飄著青草的氣味。我平靜下來，想想，真不該這樣去吼一個孩子。這也許與我在火車維修機廠的煩人心事有關。上班時，主管說我修的地方老是出毛病，回家後，我便把這股悶氣撒向小史賓塞。其實，要他學法語還有其他方法，比如，就從鴿子的故事說起，講講諾亞方舟，講講啣著橄欖枝飛來的那隻鴿子……。

有孩子的家庭，就像多了一面鏡子，他能照出你內心的一切。你快樂，他也快樂；你暴躁，他也暴躁。

幸運的是，從此以後，小史賓塞遇到的是一個克制、有耐心、不斷尋求教育方法，並努力不懈的人。

關於鏡子的這項發現，後來，我又在鄰居身上應驗了。

一天，鄰居阿德諾來拜訪我，說他的孩子講話總是無精打采，像是對什麼都感到厭倦，他很擔心。

我對他說，要知道你的孩子為什麼這樣，就先想一想自己平時的言行。你無精打采的聲音，是否反映了你對生活的失望和厭倦，你妻子尖叫的聲音，是否造成了家裡的緊張氣氛？阿德諾聽後，恍然大悟。

我認為，教育孩子的過程，也是教育自己的過程，你希望孩子怎樣，你自己就應該那樣。從孩子的語言和行為中，我們常常可以聽到、看到自己的言行。

無獨有偶，德賽娜的一個教友姐妹黛西，也遇到了類似的情況。

一天晚上，黛西來到我家，和德賽娜談到了她的女兒。她的女兒是鎮上有名的聰明孩子，已上小學，每學期都考第一名，牧師布道時，還經常邀她站在旁邊。黛西說，小女兒什麼都好，但近來有些表現令她擔心。她在教訓同學時，顯得很刻薄；對班上成績差的同學，明顯表現出蔑視；如果其他孩子在某方面做得比她好，得到大人的誇獎，她就會很生氣的否認這一點。德賽娜沉默了一陣子，把目光轉向我。

我經常從德賽娜那裡，聽到一些關於黛西的事。她的性格、她的刻薄、她愛教訓別人的毛病等，我多少有一些了解。於是，我笑了笑，問黛西：「是啊，你沒有發現你的女兒很像你嗎？」

當然，接下來，我也給黛西說了鏡子這個比喻。之後，黛西果然有些改變，而她的小女兒也發生了很大的變化。

我認為，要對孩子進行教育，父母首先要教育自己。在小學、中學或大學，沒有一門課程是教人們如何去教育孩子的，可是絕大多數的人都會生養子女，會面臨子女教育

的問題。難道子女的教育不重要嗎？幾乎每個人都會否認這種說法，因為每個父母都愛自己的孩子，並希望他們的成就遠遠超過自己。難道教育僅僅是學校的事嗎？幾乎每個人也會否認這種說法。一方面是因為，學校教育只是教育的一部分（他們最多會對成績不好或品行表現差的孩子的家長說：「你的孩子天賦太差。」這個答案，相信每個父母都不願接受）；另一方面是因為，每個孩子都是父母的心肝寶貝，任何一個成了「不良品」，都會令父母心痛。

孩子的生與死、善與惡、成材與否，最終責任都在於父母。即使是飼養一頭牛、一匹馬，人們都知道要去獲取一些相關知識，而對於養育自己孩子這樣的大事，難道不應該去學習嗎？

很難想像，一個商人不懂得運算和簿記的後果會怎樣？一個人沒有學習過解剖學，就開業進行外科手術的後果又會怎樣？也很難想像，對孩子身體、道德、心智方面了解甚少的父母，如何去指導孩子？

這種結果可以想像，只有各種責罵、尖叫、懲罰，和兒童無奈的哭聲。

快樂法則6　給孩子最好的，他會去放大

每一件善行都不會被忽視，每一點努力都會有收穫！

這句流傳在史賓塞家族的諺語，看來真的應驗了。我們教區的主教，決定在週末舉辦關於家庭教育的懇談會，並邀請我發言。當然，發言的還有鎮上學校的老師。我有些激動，做為一個火車維修技師，我覺得在這樣的懇談會上發言是一種榮譽，同時也可以與其他人交流平時教育的一些心得。

懇談會就在教堂外的院子舉行。院內的百合花盛開著，像一群排列整齊的小天使。

懇談會上，鎮上的鐵匠湯姆遜說：

「令人尊敬的史賓塞先生，我們都知道你確實在家庭教育上下了很大的功夫，但是，在我們這樣偏遠的小鎮上，幾十年來都是一些小人物，像我們這樣的人，能把孩子教育成什麼大人物呢？在這個鎮上，除了牧師和火車維修技師有一點知識文化外，大多都是些只知道打鐵、種土豆、賣雜貨或縫衣服的人。」

湯姆遜的說法，老實說，我並不是完全不理解，但我並不認同。於是，我把本來準備在懇談會上說的話題，改變成「給孩子最好的」這個題目。我說道：

「是的，在我們鎮上，大多是一些平凡的小人物。但是，這並不表示我們的孩子也必然是，也並不表示我們沒有能力和沒有必要去全心教育我們的孩子。

孩子的生命才剛剛開始，在這個千變萬化的社會中，也許我們不會再有什麼機會了，但孩子們會有。就像一場接力賽，我們遞到孩子手上的，也許僅僅是一小截接力棒，但孩子會跑多遠、多快，我們無法預知。所以，不能小看這截小小的接力棒。

譬如你吧，湯姆遜先生，也許你這輩子都在鎮上打鐵，但你堅韌、細心、熱情，又有些小創意，如果把這點小小的禮物給你的孩子，他將來可能會用來從事一件偉大的、對人類有益的事情，也許他會是位將軍，也許他會是個建築師。技能是學校的事，而品行則大多來自家庭。我們終其一生，也許不會累積太多的財產，也沒有什麼名望，但每個父母都透過生活，累積了一些好的經驗和品行，把這一點點留給孩子吧！他們會用新的生命去放大，發出光芒。

回憶一下我們的父執輩，再回憶一下我們的童年。雖然，我們已為人父母，但對於孩提時代父執輩的善行和努力，哪怕只是一點點，都會記憶猶新。種下好的品行，它會給孩子帶來一生的收穫。

給孩子們最好的，哪怕很少。
給孩子們最好的，儘管不是地位、金錢。
給孩子們最好的，不是我們的無奈和惡習。
這就夠了。當秋天來時，看到每一株成熟的小麥，每一棵結果的梨樹，我們都會像風中的樹葉一樣會心的微笑。」

我的話講完時，連主教大人的眼睛都溼潤了，湯姆遜先生也好像看到了新的希望，他用他那雙打鐵的、指節粗大的手，擦拭不斷流下的淚水。

第2章 快樂教育最初的祕密

在教育孩子這件事上，我的確得到的快樂比苦惱多。
我一直認為，快樂的方法和氣氛比其他方法更有效。

除了極少極少的神童和天才，百分之九十九的孩子在天賦上，只有特點不同，而沒有好壞、高低的差別。

和孩子一起唱歌，能讓孩子對生活增強信心，使孩子感到生活中美好的東西還很多，而不是只有枯燥的學習、作業、成績等等。
唱歌，會釋放心中的鬱悶，大腦也會漸漸興奮，肺部和腹部也會得到運動。

快樂法則7　教育的目的，是使孩子快樂

小史賓塞五歲的時候，鎮上開始流傳起一句話：「所有家庭都在抱怨教育孩子的苦惱，只有史賓塞家例外。」也有人說：「我們都是在哭聲和罵聲中種土豆，只有史賓塞家在快樂的種金子。」

事實並非完全像人們所說的，但在教育孩子這件事上，我的確得到的快樂比苦惱多。我一直認為，快樂的方法和氣氛比其他方法更有效。

這點在小史賓塞學風琴的事件上，我有很深的體會。夏天時，我把存下來的錢交給德賽娜，讓她去買一臺風琴，希望開始對小史賓塞進行音樂教育。當風琴搬回來時，我告訴小史賓塞，這是一臺有魔力的風琴，只要你不斷用腳踩踏板，同時用手按上面的黑白琴鍵，它就會唱歌，如果你懂得由七個音符組成的魔法，它就會唱出美妙的歌來。果然，風琴安好後，小史賓塞就迫不及待的坐上去，亂按一通，各種不成音律的聲音時高時低的發出來，整個下午，成了小史賓塞興奮得發抖的美好時光。

但是，好景不長，沒過多久，德賽娜與小史賓塞關於風琴的戰爭就開始了。德賽娜焦急的尖叫和指責聲，夾雜在不協調的風琴聲中。這樣過了一個月，德賽娜受不了了，她向我抱怨：「小史賓塞可能在音樂上一點天賦也沒有，一首簡單的曲子，他學了一百遍也不會……。」

我也覺得必須阻止這種教育了。

我對德賽娜說：「不要因為不恰當的方法，扼殺了孩子的天賦。如果，彈風琴變成一件緊張而痛苦的事，那麼，音樂是學不好的。」

「史賓塞先生，那你自己來試吧！」德賽娜不快的說。

接下來，我們沒有談到有關風琴的事。夜晚來臨，我們坐在餐桌前，我對小史賓塞說：「親愛的，我特別喜歡你彈的那首小曲子，叫什麼來著？」

小史賓塞搶著說：「林中仙子。」

「對，就是這首，你能彈給我聽嗎？」

小史賓塞搖搖頭。

我說：「唉，真遺憾。要是我自己會彈就好了，哪怕只是一小段！」

小史賓塞趕緊說，那我就試試吧！他坐上去，輕輕的彈起來，出人意料的是——他彈得很流暢，輕重也恰到好處，優美的旋律在晚風中飄蕩。德賽娜吃驚的看著我……。

我認為，教育應該是快樂的，當一個孩子處於不快樂的情緒中，他的智力和潛能就會大大降低。呵斥和指責，不會帶來好的結果。

我認為，教育的目的是讓孩子成為一個快樂的人，教育的手段和方法，也應該是快樂的。就像一根細小的蘆葦管，你從這一頭輸進去的，如果是苦澀的汁水，在另一端流出的，也絕不會是甘甜的蜜汁。

孩子在快樂的時候，他學習任何東西都比較容易；但在情緒低落、精神緊張的狀態下，他的信心會減弱，這時，即使是一個偉大的教育家，也不會有任何辦法。唯一的方法是，先把他們的情緒調到快樂、自信、專注，然後再開始學習。許多被認為沒有天賦、天生比其他孩子差的孩子，其實並非如此，只是教育者的方法不得當。

我經常在散步時對德賽娜說，在一個家庭裡，如果沒有孩子的笑聲和學習的聲音，這個家庭是沒有希望的。

自從那天晚上小史賓塞彈奏了〈林中仙子〉後，德賽娜再也不逼他了。我常常在下班回來後，請小史賓塞彈奏一曲。他彈奏時，我專注的聽著，拍著手，踏著節奏，愉快的氣氛，無疑是對他最大的獎賞。他的音樂潛能，就這樣被開發出來，先是被邀請到教堂裡彈，後來他自己試著寫曲子，有一首〈感恩節的禮物〉還被印成了樂譜，很多樂團都在演奏。

當然，音樂是講究準確的，跟數學一樣。在我進行快樂教育的同時，德賽娜和小史賓塞的音樂老師對他的長期訓練，也起了同樣重要的作用。

我一直認為，除了極少極少的神童和天才，百分之九十九的孩子在天賦上，只有特點不同，而沒有好壞、高低的差別。

史賓塞的快樂法則

做一個快樂的教育者，應該做到以下幾點：

◎不要在自己情緒很糟時教育孩子，這時很容易把情緒發洩到孩子身上。

◎不要在孩子情緒低落或剛剛哭鬧後，開始教育或強迫他學什麼。這樣，你常常會根據不好的教育效果，而誤認為自己的孩子天賦太差。

◎在家庭教育中，努力營造快樂、鼓勵的氣氛，讓孩子能實現，有成就感。

◎努力做一個樂觀、快樂的人。一個快樂的人，多半看到的是孩子的優點；而一個不快樂的人，多半看到的是孩子的缺點。

快樂法則8　和孩子一起唱歌

在我居住的小鎮上，克魯斯一家可說是最嚴謹的。克魯斯先生和太太開了一家縫紉店，從早忙到晚，很少與外界交往。每個週末，他們都到教堂祈禱，從不缺席，而且每次都帶著他們的小女兒。不久前，克魯斯太太告訴我，她每天不管再累，都會抽出時間

來督促孩子學習。她的小女兒已經上小學五年級，可是成績一直不理想，克魯斯太太說：「你也不能說她不用功，她在家時總是手裡拿著課本，只要她出去玩一會兒，我就會把她找回來。」

我想了想說：「她喜歡唱歌嗎？你平時在家唱歌嗎？」

「她從不唱歌，至少我沒有聽過。我也不唱，都這把年紀了，還唱歌幹嘛？這與教育孩子有什麼關係？」

「當然有關係，因為她需要快樂。你年輕時愛唱歌，是因為你快樂，而孩子這麼小，竟然不喜歡唱歌，這說明她不快樂。你試試，每天和孩子一起唱歌。」

後來，有人告訴我：「克魯斯太太唱歌了，她女兒也唱，唱得還真好！」

當克魯斯太太再來我家時，她明顯比以往有精神多了。她驚喜的對我說：「史賓塞先生，太感謝你了！我女兒的成績比上學期好多了，而且她歌也唱得不錯。」

其實，這並不是什麼靈丹妙藥，只是唱歌總會讓自己和周圍的人感到輕鬆、快活。

此外，和孩子一起唱歌，還能讓孩子對生活增強信心，使孩子感到生活中美好的東西還很多，而不是只有枯燥的學習、作業、成績等等。

熱愛歌唱，是人類的天性。我們的祖先在河流上唱過，在森林中唱過，在黑夜裡唱過，也在白天工作時唱過。要讓孩子放聲歌唱，父母也要唱。唱歌，會釋放心中的鬱悶，大腦也會漸漸興奮，肺部和腹部也會得到運動。我不僅把這一點告訴別人，也經常

和小史賓塞在家裡和野外放聲高歌。小史賓塞唱到動情的時候，會非常投入，而我則從中感受到教育孩子時的輕鬆。

快樂法則9　一點一滴，慢慢累積信心

鎮上的許多父母對我說：「為什麼我們很盡心的去教育孩子，但成效卻不大？這讓我們都漸漸失去信心了。」

我認為，孩子的教育是一項長期的工作，和其他特別重要的工作一樣，而這項工作的收穫也是必須耐心等待的，所以易使人產生失望的感覺。

最好的方法就是，把教育變成漸進的、快樂的事情。先把你要教給孩子的東西分類，比如：①習慣②健康③語言學習④運算。

然後擬定每周的小計畫，一週實施一點，日積月累，自然會看見成效，這樣，父母也能從中獲得成就感。做有成就感的事，才會使人得到快樂。

比如，小史賓塞一向比較散漫，這也與我們給他的寬鬆環境有關，但隨著他一天天長大，已經快到上學的年齡了，我決定，開始培養他做一個好孩子的習慣。

首先，從整理自己的衣物開始。我們展開了一個家庭衣服自理的比賽，看誰把自己的衣服洗得乾淨，晾得整齊，收拾得有秩序。

剛開始的一兩天，小史賓塞很有興趣，但過了幾天，他就不太願意做了。我又在家裡掛了一個小黑板，把我們的名字都寫上去，每天把做得好的和不好的，都寫上去，這下，小史賓塞又來勁了。他的名字下面，只要有一點不好的，比如，手巾髒了，或鞋子發臭了，他就會馬上改正。

三個月下來，小史賓塞對於衣著乾淨、整齊這一點，由興趣變成了習慣，以後就不用我們再操心了。在他玩耍的時候，無論多髒、多亂，我也不會管，而是讓他盡情享受這種快樂和自由，但一回到家裡，或者出門做客，我則會要求他衣著整潔。

一個生活習慣良好的孩子，他的身心也在培養習慣的過程中得到修鍊。無論在教堂還是在其他場合，小史賓塞的小手巾都是雪白雪白的；他的身體在做這些家事時得到鍛鍊，肌肉也更結實了。

對於父母來說，擬定一個漸進式的家庭教育計畫，會使自己充分享受教育的快樂。為了培養小史賓塞而設計的小黑板，後來在鎮上流行起來，幾乎每個家庭都有一塊。英國教育大臣也對此大加讚賞，並在全國推廣。

第3章 快樂的家庭教具

孩子在想什麼？面臨什麼問題？孩子的內心世界，就像一個藏滿祕密的盒子。在這個盒子裡，有動物、人物、夢境、情緒……，雜亂無章的塞在裡面，如果不經常打開來看看，有一天，當你不經意打開時，也許會從裡面跑出一隻老鼠，嚇你一大跳。

學習一件事物比讀十本書更有用，這是孩子親身的體驗。知識的吸收是經過自己親身驗證的，這樣，也有利於培養孩子獨立思考的能力。

長期以來的教育誤導，把教育看做是在嚴肅教室中的苦行僧生活，而忽視了對孩子來說，更有意義的自然教育和自我教育。自然教育和自我教育，在孩子身上最直接的反應，就是快樂和有趣。

快樂法則10　走進孩子內心的十二張卡片

面對教育孩子的問題時，大多數的家庭常常不知道從何入手。孩子在想什麼？面臨什麼問題？孩子的內心世界，就像一個藏滿祕密的盒子。在這個盒子裡，有動物、人物、夢境、情緒……，雜亂無章的塞在裡面，如果不經常打開來看看，有一天，當你不經意打開時，也許會從裡面跑出一隻老鼠，嚇你一大跳。

對於小史賓塞，我們同樣想知道他的內心世界，因為，這是我開始快樂教育的第一步。一天晚上，我們在家裡玩我設計的一種十二張紙牌的遊戲，但這不是一般的紙牌，而是十二張我事先寫好的卡片。我和小史賓塞、德賽娜輪流擲骰子，擲到哪個數字，就抽出這張卡片，並回答上面的問題。這十二個問題是：

1. 講一講你最不快樂的事。
2. 說一件你覺得自己做得最好的事。
3. 評價一個你周圍的人。
4. 今年你最希望得到哪三件東西？
5. 你對自己有什麼不滿意的地方？
6. 哪件事你努力了，但成效不大？
7. 深呼吸三次。

8. 擁抱一下你喜歡的人。

其他的四點，可以由父母自由思考採用哪些內容。

我們輪流擲骰子、抽卡片。輪到小史賓塞了，他抽到「講一講你最不快樂的事」。他說：「我最不快樂的事，是我常常在夜裡夢見一個巨大的怪物，我不知道它是什麼，我害怕到連白天都還會經常想到它。」

當他抽到「評價一個你周圍的人」時，小史賓塞說：「我討厭凱勒太太，她總是在有很多人的場合諷刺我，說我是史賓塞家的書呆子。」

輪到我擲骰子時，我抽到了「今年你最希望得到哪三件東西」。我嚴肅的說：「我最希望的是，小史賓塞能夠懂得三件事，一是懂得快樂學習的祕密，二是懂得自我教育是人生中最有益的，三是要有健康的體魄和心智。」

儘管我知道小史賓塞不完全聽得懂我的話，因為他畢竟還只是個孩子，但我認為在孩提時代，父母鄭重的闡述一點道理，和說故事給他聽、玩遊戲一樣重要，他也許不會全懂，但他會感受到。

透過這十二張卡片的遊戲，我也了解小史賓塞內心的一些祕密。對於他抽到的那兩張卡片，我是這樣向他解釋的：「親愛的小史賓塞，夢境是白天身體和意識的反映，你夢中的怪物，一定是你白天遇過使你恐懼的人或事。是誰呢？是瘋子勞爾嗎？（勞爾是鎮上一個可憐的瘋子，他手裡經常拿著一根又髒又粗的木棒，嘴裡嘀嘀咕咕，不知道在說些什麼。他一看見孩子就追，已經有好幾個孩子被他嚇哭了）」

小史賓塞說：「不是，我反而有點可憐他。倒是銅匠巴斯特的兒子，每次我經過他身邊時，他都兇狠的瞪著我，還向我吐口水。我不敢和他說話，總是害怕的走開。」

知道小史賓塞夢裡的怪物是怎麼回事了，我說：「孩子，你從來沒跟我們說過這件事，現在好了，一旦你說出心裡害怕的事，就不會害怕了。其實，這孩子也很可憐，他母親得了一種怪病，家裡的錢都給母親看病了，因此他雖然已經八歲多了，卻還不能去上學。他害怕其他孩子瞧不起他，才裝出兇狠的樣子。我們週末去看看他，順便也送點藥給他母親，你說好嗎？」小史賓塞點了點頭。

「至於你對凱勒太太的評價，我認為沒有錯，她這樣做是不對的。下次她再這樣說你時，你就告訴她，惡言和惡行一樣是有罪的。」

晚上，我把小史賓塞的臥室清理了一番，把窗戶打開一點，並換上乾淨的床單。第二天，小史賓塞告訴我，夢裡的怪物不見了，他昨晚睡得很香、很甜。

我們常在家裡玩十二張卡片的遊戲，有時還會邀請一些鄰居的小孩參加，沒想到後來許多英國家庭都玩這種遊戲，有的還在裡面加進了講笑話、表演節目等，這樣當然更有趣。透過玩這種遊戲，親子和教育的功能都達到了。再後來，連美國、瑞典、德國和法國的家庭也玩這個遊戲，非常榮幸的是，人們把這個遊戲命名為「史賓塞紙牌」。

快樂法則 11　字彙風鈴

到我家來做客的人，都會看到一些奇怪的東西，例如風鈴。但這不是一般的風鈴，而是由一些寫滿字母、字彙的小木片，和幾根小銅管構成的風鈴。在小史賓塞的房間裡、在屋後的小花園裡，甚至在餐桌的上方，都掛有這樣的風鈴。

實際上，這是我用來教小史賓塞學法語的。剛開始，這些小木片上的字彙都與懸掛的地方有關，比如：床、窗戶、起床、晚安、早安等等。後來又換新的，比如一個風鈴上掛的文字，可以組成一首兒歌，或者一句諺語；過一段時間，再更換一次。每當小史賓塞撥弄字彙片時，就會發出叮叮咚咚的聲音，聽起來，就像繆思女神在知識殿堂彈奏的美妙音樂，不管多累，一回家就聽到這種聲音，真是覺得愜意極了。

小史賓塞幾乎是在玩耍的過程中，學習了法語和拉丁語。通常，我只講給他聽三次，記不住時再問我，我認為語言不需要太刻板的去學習，只需要熟悉和使用。

這種觀點，與我父執輩的教育有些不同，在我小時候，他們不特別要求我學習語言。我的父親是一位著名的私立學校校長，德高望重，他認為，學習事物比學習辭彙對孩子更有意義。事實上，從小我就是從學習事物開始的，比如：植物的種子、動物的標本，這些的確對我產生意想不到的作用。十二歲前，我的閱讀能力比一般孩子差，但我的思維能力卻很強，我對研究事物產生很大的興趣，因此，後來我在醫學、心理學、教

育、哲學等領域都有所發展。

小史賓塞是幸運的，我不但讓他學習事物，也讓他從幼兒時期就學習語言，學習工具就是懸掛在家裡的「字彙風鈴」。後來，每當他學習一門新知識時，「字彙風鈴」便悄悄變成「化學風鈴」、「物理風鈴」……

小孩子的興趣總是轉移得很快，就像一隻蜜蜂，人們希望牠在一朵花上停留得久些，但牠卻總是一會兒停在這裡，一會兒又停在那裡。這是孩子的天性，孩子越小，他的注意力停留在一件事上的時間就越短，對於這個年輕的生命來說，他周圍世界的可能性是無窮的，他要在這種無窮的可能性中，發現屬於自己的小天地。

不過，不要心急，總會有辦法的。看，小史賓塞不是又飛回來了嗎？這是一種人為製造的教育環境。果然，圍繞著他的這些風鈴，讓他一會兒飛走，一會兒又飛回來，漸漸的，閱讀和回憶風鈴上的小木片，成了他的習慣。

我進一步發現，這些風鈴還有一個作用，就是大大減少了我的工作，我所做的只是在屋後的小花園裡刨一刨木片，然後不斷寫上新的東西。我越來越覺得，父母對孩子的教育，在本質上與動物界的技能傳遞有相同之處，例如母貓把一件東西拋給小貓去撕咬，目的是想讓小貓學會捕食的本領；老鷹讓小鷹跟著牠，在空地上空飛來飛去，一會兒拍翔，一會兒搧動翅膀，也是為了讓小鷹能夠適應天空，並抓住獵物。

後來，這種風鈴在許多家庭被使用，連愛丁堡大學校長的家裡也有。

快樂法則12　一把植物的種子

「學習事物」，是我父親在他所創辦的學校裡說的一句名言，也是我從幼兒時期開始使用，到今天仍認為非常有價值的教育方法。小史賓塞「學習事物」，是從「一把植物的種子」開始的。

初春的一天，我告訴小史賓塞，我要送給他一件很有趣的禮物，但必須猜一猜才能得到。是什麼呢？巧克力？彈珠？夾心餅乾？不，都不是。我說，這是一種在白天和夜裡都會發生變化的禮物，並且，隨著時間的推移，它會變出一些很有趣的東西來。小史賓塞迫不及待的打開禮物，一看，原來只是一些形狀和大小不同的植物種子。我說，別小看這些小種子，它們會在你的手中變出驚人的東西來，但需要時間和耐心。

接下來的一整個下午，我和小史賓塞在後花園裡忙碌著。我們一起用小鐵鍬把土翻鬆，然後把種子分類撒在土裡，左邊是番茄，右邊是萵苣，中間一個小圓圈是青椒。種好後，我又和小史賓塞在種子上面蓋一層薄薄的土，然後在旁邊豎了一塊寫著「小史賓塞的農田」的牌子。

日子一天天過去了，小史賓塞經常到田裡去看看有什麼變化，但土裡好像非常平靜，什麼事也沒有發生。小史賓塞有些等不及，我告訴他，這需要時間。你看，時鐘的時針從早走到晚，每小時噹噹的響一次，這是時間；把這些種子種到土裡，到它們從土

裡冒出頭來，這也是時間。孩子，有時變化需要很長的時間，但只要你等待、堅持，它們一定會出現。

有一天，當我回家時，小史賓塞驚喜的對我大喊大叫：「它們冒出來了，它們冒出來了！」我到屋後花園裡一看，那些種子果然冒出了嫩芽。

我這樣做，並不是希望小史賓塞以後去當一個農夫，而是因為這與他的成長有關。自然界的許多事物與人世間的道理是相通的，比如：為什麼種子會在春天發芽？為什麼種子需要漫長的時間？為什麼種子需要空氣、水和陽光……？小史賓塞對於種子的發芽、生長過程全都很清楚了，這與他後來在植物學上的成就是分不開的。

我認為，讓孩子早一點了解和學習事物，是開啟孩子心智的重要方法。人的心智開啟了，他就會留心周圍的世界，探究其中的道理，並思考如何與世界發生聯繫。

學習一件事物比讀十本書更有用，這是孩子親身的體驗。知識的吸收是經過自己親身驗證的，這樣，也有利於培養孩子獨立思考的能力。

至今我仍認為，在人類的各項工作中，農作和園藝是最重要的，而且是與生命最有關聯的，它展現生命的過程，啟示生命的美感，體現生命的和諧與智慧。

當然，我絕不是指教育孩子時，可以中拒絕工業和科學，恰恰相反，我也提倡這些知識的傳遞，特別是透過家庭教育的方式。但要培養一個孩子的心性，則離不開農作與園藝，我想，這一點上帝也會贊同，因為在《聖經》中的很多比喻，都與植物有關。

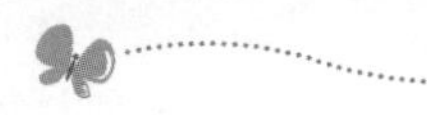

一把種子，開啟了小史賓塞的「研究」工作，他自己查閱了很多這方面的資料，收集了一大本植物標本，還做了好幾本自己畫圖和說明的植物學圖畫筆記。

長期以來的教育誤導，把教育看做是在嚴肅教室中的苦行僧生活，而忽視了對孩子來說，更有意義的自然教育和自我教育。自然教育和自我教育，在孩子身上最直接的反應，就是快樂和有趣。幸運的是，小史賓塞還學習了另一些「事物」，他熟悉德文特河畔的每一處籬笆、每一片樹林。春天，他去尋找鳥巢、摘野花；秋天，他去採黑莓、薔薇果和山楂果……

快樂法則13　家中的小地圖

有一次，亞伯丁大學的一個朋友——也就是威爾遜先生來信告訴我，亞伯丁大學準備開設一個地圖測繪的專業課程，想徵求我的建議。我在回信中對此大加讚賞，這個專業課程無疑在道路、橋梁或城市建設中，都有非常大的作用。

為了訓練小史賓賽的記憶能力、描述能力，以及將抽象與具象思維相結合的能力，我又製作了另一種教具——地圖紙。這些紙比較厚，可以反覆擦寫，上面有一些基本格式，如：名稱，從某某地到某某地；有一些簡單的符號，如：什麼代表小山坡，什麼代表道路，什麼代表河流。

開始，我只是問小史賓塞，從德比小鎮到巴斯的路怎麼走。我說：「你去過很多次，一定很熟悉。但你最好畫一張圖，把要經過哪些地方，在哪裡轉彎，朝哪個方向走，告訴我就行了，我會非常感謝你的。」小史賓塞趴在桌上畫了半天，我拿到這張地圖時，簡直太令我驚訝了。一方面，這是任何人都無法看懂的一張地圖（如果他想按這張地圖去某個地方的話），但另一方面，我驚異於小史賓塞平時的觀察能力，哪裡是教堂，哪裡是河流，有誰站在橋頭，哪裡是賣雜貨的，還有鐵路在哪裡，都標得清清楚楚——這是小史賓塞畫的第一張地圖。我收下了，說：「感謝你，我的孩子！這張地圖很好看，但如果要找到要去的路線，我們還需要做一些修改。」於是，我告訴他怎樣定方向，怎樣表示一些重要的標誌。

從此，每帶小史賓塞去一個地方，我就會讓他畫一張地圖，在地圖旁邊，讓他寫一些說明文字和有趣的事情。隨著去的地方越來越多，小史賓塞的地圖也畫得越來越好，說明文字簡直就是一篇很好的作文。小史賓塞十二歲時，他的地圖已累積了厚厚一大本，上面記錄了很多事情，大自然的變化、鎮上的修建工程、某個人的變化等等。透過畫這些小地圖，小史賓塞的記憶力、描述能力和觀察能力，也大為提高了。

人類的知識透過兩方面來累積：一是繼承，一是發現和描述。孩子從小就具備這兩種天賦，只要用適當的方法開發他，會有意想不到的效果。字彙的功能是描述，地圖的功能也是，只是地圖更有現場感，更符合孩子的思維特徵，同時，讓孩子玩畫地圖的遊

戲，會增強孩子的空間感和方向感，並能訓練孩子獨立面對外在世界的心靈素質。

從地圖遊戲中，還可以發現孩子天賦上的特點。有的孩子畫的形象和細節很清晰，這說明他的形象思維能力強些；有的孩子路線明確、方向感不錯，這說明他的抽象思維能力強些。不管如何，這種小地圖，成了我對小史賓塞進行教育的教具之一，並且產生了明顯的效果。

快樂法則14　數字跳房子

家庭中的教具是根據孩子的特點所設計，目的是在樂趣中把孩子的潛能激發出來。從教育的生物學特徵來看，教育就是使一個小生命在身體和心智上，不斷的趨於完善，並使他更適應生活的過程。母鳥對羽毛新長成的小鳥的訓練行為，母貓和小貓的玩耍行為，就是在誘導小鳥、小貓鍛鍊肢體、知覺和本能。

小史賓塞對數學反應的遲緩，一度令我苦惱，使我不得不「發明」一些東西來訓練他，「數字跳房子」就是這樣產生的。把1到9這九個數字，依次寫在九宮格裡，我和小史賓塞就在跳房子裡玩遊戲。第一階段是從1到9的數字概念遊戲，很簡單，數到幾，就跳幾步。不久，小史賓塞對數字有了基本概念。接下來，是數字加、減、乘、除的關係，也在跳房子裡玩，小史賓塞兩個下午就會了。最後是九九乘法表，這對以後的

運算是不可少的。小史賓塞開始總是記不住，或總會出錯，我就在九宮格外面把答案寫出來，畫在一個圓圈裡，如果小史賓塞厭倦了，我們就停下來，沒過多久，他自己又去玩，次數多了，九九乘法表就深深印在他的腦海裡了。

有時，我會感嘆，人的教育，多像鳥兒對小鳥的訓練啊！

隨著小史賓塞年齡的增長，這些在他童年玩和學的教具，便不再有用了，他自己又去尋找新的教具，比如，光學方面的凸透鏡和凹透鏡等等。

第4章 對孩子進行快樂教育

孩子的快樂是多種多樣，大多是沒有社會目的的；教育則是要引導孩子得到「有目的的快樂」。因此，對於教育者來說，應該先讓孩子們快樂，然後再訂出可行的目標。

任何生命都會對宇宙萬物表現出特別的興趣。此時，就是教育的好時機。

其實，孩子的處境與成人是一樣的。愛，我們人人都有，但愛和有目的的教育，則需要一些耐心、技巧，有時甚至是令人發笑的機智，或多少有些令人不快的克制。我認為，友好、鼓勵是快樂教育的最佳方法。

快樂法則15 孩子在快樂的狀態下學習最有效

隨著小史賓塞慢慢長大，到家裡來問我教育方法的鄰居和朋友越來越多，有的甚至從很遠的威克渥斯和伊雷頓來。幾乎所有的問題都是：如何教育孩子？

這也使我必須對教育的一些原理性問題進行深度思考，並且提供建言。

要知道如何教育孩子，首先要知道孩子在什麼樣的狀態下學習最有效。經過數年來對小史賓塞的教育，和大量研究心理學，我認為，孩子在快樂的狀態下學習，是最有效的。這也許會使某些學校的校長和老師不以為然，要知道，這與傳統教育所講的許多清規戒律大相逕庭。「難道家長把孩子送到學校，就是讓他們玩嗎？」「與其這樣，還不如讓他們自己玩更好，因為那樣最快樂。」

遺憾的是，持這種觀點的人，儘管也在教育孩子，但是很少對孩子進行研究。他們在自己因襲已久的教育規則中機械的工作著，儘管有時他們嚴厲得像一座兇狠的雕像，或者整條街都聽得到他們大聲訓斥孩子的聲音，但教育的效果卻很差。

我曾做過一個實驗。帶兩群孩子到德文特河邊，我告訴其中一群孩子：「我一發出口令，你們就跑到教堂那裡去，那裡正在舉行婚禮，先跑到的，有可能會得到糖果。」另一群孩子我只是告訴他們：「你們要盡快跑到教堂那裡，越快越好，誰落後，我就懲罰誰。」隨著我的一聲令下，兩群孩子都飛快的跑了起來，從河邊到教堂，並不是一段很短的路程。結果呢，知道教堂在進行婚禮的孩子，先跑到的比較多，而且到了以後，大多還很興奮；而另一群孩子，有的脫隊了，有的乾脆跑到一半就停了下來，停下來的孩子多了，大家也就不怕懲罰了。

從這個實驗可以看出，第一群孩子在開始跑的時候，就把「跑到教堂」當成一件快樂的事，因此跑起來就輕鬆許多；而另一群孩子則把「跑到教堂」當作一個命令，只是被動的去執行，儘管有懲罰的威脅，仍然作用不大。

當然，孩子的快樂是多種多樣，大多是沒有社會目的的；教育則是要引導孩子得到「有目的的快樂」。因此，對於教育者來說，應該先讓孩子們快樂，然後再訂出可行的目標。

快樂法則16　讓興趣為快樂求知引路

任何生命都會對宇宙萬物表現出特別的興趣。此時，就是教育的好時機。

例如，一個三歲的孩子可能會對一條魚產生興趣，那正好，有關魚的知識可多了。為什麼魚在水裡不會沉下去？因為，牠的身體裡有一個「氣球」。為什麼魚游動時會擺動身體？因為，牠是利用身體的擺動推動周圍的水，從而獲得動力……。

比如，一個七歲的孩子很可能會對一本有插圖的書發生興趣，但他的識字量又不足以閱讀，那我們就把故事大概說一下，然後讓他自己閱讀，如果遇到不認識的字可以問大人，也許他不能馬上就記住，但肯定會留下很深的印象。我曾經給小史賓塞設計過「半本書」的教具，前面一半我念給他聽，但後面一半我只教他一些字彙。我發現，他為了知道後半故事而學的字彙，比平時透過「字彙風鈴」學習的字彙，還記得更牢。

興趣和滿足總會帶來快樂。因此，在教孩子某方面的知識時，先讓他產生興趣，接下來的工作便會事半功倍。

快樂法則17 多一些友好和鼓勵

如果一個孩子面對的是一位嚴厲的、總是斥責他的老師，即使你是他的父母，即使你真的很愛他，他對你所說的和要求的也會厭倦。我常常聽到這樣的抱怨：「我愛他，但我又恨他不成器」；「我真的受不了他學什麼都這麼慢，又不專心」……如此等等。很多父母可能都花了很多心血在孩子身上，但孩子仍然沒有改變，為什麼呢？

從動物學的角度來看，孩子和其他動物一樣，都對惡劣的、否定性的環境，有天生的反感，這種反感的情緒，儘管會因為害怕而有所克制，但是卻不利於接受任何知識。在這種狀態下，他獲得的知識，和從傳授知識者學到的壞習慣相比，後者反而更多。

相反的，如果是在一種友好、親暱和鼓勵的氣氛中學習，不但可以增加孩子對父

母、老師的信任感，而且學習的效果會更好。相信大多數人都有這種經驗，在一個班級裡，成績好的同學總會受到老師的寵愛，而這種寵愛又促使他們成績更好。究竟是成績好而受到寵愛，還是因為受到寵愛而成績好？相信老師和學生都不清楚。然而，大多數的孩子卻不會這麼幸運。

如果用成人世界的角度，去理解孩子的世界，你就會明白。比如在工作上，出現失誤或進度緩慢是難免的，但如果主管總是以嚴厲的態度指責你（從理論上說，他的指責可能也不是完全無理的）：「天啊，你怎麼這麼慢！」「為什麼你又遲到了！」你的反應會如何呢？首先是反感，然後厭惡，甚至憎恨。相反的，如果他總是在適當的時候鼓勵你一下，拍拍肩膀，笑一笑，你反而會做得更好。

其實，孩子的處境與成人是一樣的。愛，我們人人都有，但是愛和有目的的教育，則需要一些耐心、技巧，有時甚至是令人發笑的機智，或多少有些令人不快的克制。

在我對小史賓塞的教育中，我認為，友好、鼓勵是快樂教育的最佳方法。

世界上沒有一個孩子生下來就厭惡自己的父母，但之後就不一定了。有的甚至與父母反目成仇，更有甚者，還會做出弒母、弒父的惡行。這究竟是父母的責任，還是孩子的責任？一個長期得不到友好、鼓勵和正確訓練的孩子，他會在心裡產生厭惡和憎恨，「野蠻產生野蠻，仁愛產生仁愛」，這就是真理。

「難道孩子犯了嚴重的錯誤，也要友好、鼓勵嗎？」這是勞爾太太在我關於「友好、鼓勵」的演講中，提出的問題。我回答她，不僅僅是這樣，該管的一定要管，但要分清楚哪些是道德問題，哪些只是知識技能的傳授問題。我認為，除了道德過失才需要懲罰、命令、禁止，其他則只是方法和效果的問題，我也同樣反對勞爾太太在家庭教育中經常大呼小叫，小題大作。儘管勞爾太太總是說：「我要對他的一生負責，我不願意成為一個沒有盡到教育責任的母親。」但事實上，她可能真的把小勞爾害苦了，小勞爾雖然不像其他孩子討厭自己的母親，但他卻逐漸喪失信心，且過早承受忍耐的痛苦。最後，勞爾把孩子送到我家，我用友好、鼓勵的方式，治癒了他內心的傷痛，他的知識技能也大為提高。多年以後，小勞爾成了一位植物學家。

快樂法則18　每天都應該有一點快樂的運動

我經常在教小史賓塞一些知識後（準確的說，是我們共同發現一些知識），帶著小史賓塞從鎮上跑到德文特河邊，在那裡大喊大叫，然後在河邊打水漂，看誰打得多，或用泥沙堆城堡，看誰堆得快。我們盡情呼吸夾雜著苜蓿草氣息和河水氣味的空氣，看著夕陽在對岸的小山坡落下，把金黃絳紫的餘暉灑在叢林和教堂的尖頂上，這是每天最讓人愜意的事了。神祕、壯美的大自然，和冒著熱氣的身體，在嘩嘩的德文特河邊交談。小史賓塞像隻小牧羊犬，又跳又鬧，還有什麼比這更美妙的呢？

我認為，儘管這時我們沒有在傳授知識，但這也是快樂教育的一部分。我也常常想，為什麼鎮上的其他父母不帶孩子出來呢？這時，工作一天的人們都已回到家，如果帶孩子到河岸邊走走，對孩子和父母都是有益的啊！

對兒童來說，心智的成長和身體的成長是同樣重要的。心智和身體一樣，添加的材料超過一定的量就不能吸收，如果不能吸收，這些材料就不能成為心智中有機的一部分，應付完考試或滿足家長的要求之後，很快就會從記憶中溜走，而且，這種強制性的方式，還會使孩子對學習知識產生厭惡感，他會本能的反抗。

因此，我把和小史賓塞到河邊的運動，當成是快樂教育的一部分，這項與知識傳授完全無關，而與身體和情緒直接有關的活動，效果是神奇的。有時，我因為有其他工作，不能和小史賓塞一起跑，他自己也會在學習一段時間後跑到河邊。後來，他在一篇文章中回憶道：「這是我熱愛生活，熱愛德文特河，熱愛家鄉的主要原因。」

有一句名言：「教育，應該在厭倦之前結束。」我完全贊同。我主張快樂的教育，而教育也應該讓孩子在身體上得到快樂。對孩子來說，他生長的本能也需要運動，並得到能量的補充。

事實證明，每次運動後，小史賓塞對學習的興趣不但不會減少，反而大大增強。在傳統教育中，由於過度教育對孩子帶來的身體傷害，幸好沒有發生在小史賓塞身上。

我希望父母和老師們不要忽視這一點。孩子從胎兒起到青年時代，身體的成長和心智的成長同樣重要，而且在嬰兒、童年和少年時期，身體的發育和成長，反而應該是主要的。

快樂法則19 教育的目的是，有一天能夠不教

「教育的目的是，有一天能夠不教。」我對一位遠道而來的教育學者威廉斯這樣說。是的，看一看動物世界就會明白，鳥兒在訓練幼鳥飛行一段時間後，就不會再去管牠，讓牠自己從高處往低處飛，從一棵樹飛到另一棵樹，如果一隻幼鳥在長成大鳥後，還需要其他鳥來幫助牠才能飛，這種教育一定是失敗的。同樣的，在孩子的早期教育中，我認為最重要的是，培養他自助學習和自我教育的能力；威廉斯則認為，這可能會成為一些不負責任的教育者的藉口，但我完全不這樣認為。

小史賓塞很小的時候，我就開始培養他自助學習的能力。為什麼燕子在春天飛來，深秋的時候又飛走？為什麼太陽白天升起，黃昏又落下？為什麼夏天下雨而冬天下雪？我從來不輕易的告訴他答案，但我會指出找到答案的途徑。每一次，從小史賓塞發現一點點知識的驚喜，和瞪大眼睛的專注上，我知道，沒有一種快樂能比得上他自己透過努

力而得到的，哪怕只是一點點能力。這是成長中的動物共有的特點。

當然，培養孩子的自助能力，一定得有所準備。在他可以簡單閱讀的時候，我把能夠解答問題的書放在他附近，或把一些簡單的實驗用具擱在桌上。幸運的是，我有這方面大量的準備，我從來不吝惜買書和一些實驗用品。

鎮上的小書店，也是小史賓塞常去的地方，每當他從書店買到一本喜歡的書時，他總是欣喜若狂。有一次，他買了一本關於植物方面的書，整整一個夏天，他就沉浸在收集植物葉片和弄清植物名稱上。當他上小學時，他的植物學知識讓校長大吃一驚。

剛開始，為了培養小史賓塞的自助學習能力所做的準備工作，實際上，比直接告訴他答案要費心思得多，每一次都要經過精心的設計。不過，逐漸形成自助學習能力的小史賓塞，就是對我這些工作的獎賞，因此，絕不是如威廉斯所說，「是一件偷懶的事」。

自我教育對於培養一個孩子獨立思考的能力，也是大有好處的。第一，會讓孩子形成因果的概念，明白世界上一切事物都是有原因的。第二，會讓孩子用自己的方式找到這種原因，他不會完全把某個人、某本書說的觀點，當作權威而接受。

事實證明，自我教育所獲得的知識，比任何課程在孩子記憶裡留下的印象都要深刻。圍繞在獲得這些知識的所有細節，都會成為孩子最鮮活和最深刻的人生經驗。

有一次，小史賓塞在看了一本有插圖的物理書後，去觀察德文特河畔的一個磨房。急速的水流帶動輪盤，輪盤透過豎軸帶動磨房的碾石，碾石把麥粒磨成麵粉，麵粉從漏斗裡出來時還冒著熱氣，於是小史賓塞把手伸進發熱的麵粉裡。這次的自我教育，小史賓塞獲得了關於力的傳遞和能量轉移的知識，而此次經歷也成為他一輩子的回憶。

自我教育在小史賓塞的寫作上，也起了很大的作用。因為「自助」知識大多需要透過自己的觀察、體驗，和查閱、找尋資料來獲得，這大大增強了他的觀察力，當然，也有一個不利的影響：小史賓塞上小學後，半學期下來，他發現一年級已經完全用不著念。經過學校允許，他直接上二年級，仍然不行，後來，乾脆直接去上三年級。有時我真擔心，過早在心智上的開發，是否會影響他的身體，直到後來，我看見小史賓塞和其他孩子一樣健康，才完全放心。

關於自我教育，一開始就在英國教育界引起爭論，正如威廉斯先生和我的爭論一樣。可是最後，教育界的官員和學者們不得不承認，這是值得推廣的。我很高興看到許多學校教育已紛紛重視對學生自助能力的培養，但遺憾的是，自我教育的教材和教具開發的還是很少，很多家庭由於父母知識水準和時間的因素，實施起來有一定的難度，因此，有些父母還專門從倫敦跑來，請教我關於自我教育的事。

需要說明的是，自我教育並不是孩子進入學校後就可以停止了。許多人認為，到了

學校，教育就交給老師了，這是對孩子教育極大的誤解。孩子雖然到了學校，但教育活動對家長來說並沒有結束，而是另一個開始。教育的目的除了傳授知識，就是培養孩子的自助能力。要知道，知識的傳授，比起一個有機生命的自我完善、求知，再綜合為生命、思維來說，要簡單得多。

第5章 找出不快樂的小蟲子

上帝賦予每個孩子不同的稟賦，目的是希望他們成為各個領域中的有用之才。這一點常常會被父母或家長忽視，反而成為孩子們不快樂的源頭。即使是天才，也可能會被不快樂扼殺啊！

應該時常以同情心，去體會孩子在各種境遇中的不快樂。一旦你知道是什麼原因導致他不快樂，想要幫助他解決問題就容易多了。

家庭是否能夠給孩子力量，取決於成員之間的感情和思想聯繫的密切程度。因為不管孩子在外面遇到什麼，家庭是他的加油站，是他堅強的後盾。

快樂法則20 不要讓不快樂扼殺孩子的天賦

由「快樂教育」引起的爭論，成了英國朝野的一件大事，民眾和教育界、宗教界都一起參與了。這篇發表在《威斯敏斯特評論》上的文章，我並沒想到會有這麼大的反響。我認為，爭論是好事，至少大家爭論的是有關英國下一代的教育問題。文章的主要內容是探討父母和老師是否應該懲罰孩子？什麼時候、用什麼方法？撇開這些學術問題，我們來看看，不快樂的因素如何扼殺孩子的天賦吧！

由於我在教育上的一點點影響，鎮上公立學校的校長曾帶三個孩子到我家向我請教，當時他們都只有十歲左右，一個叫勞倫斯，一個叫傑克，還有一個是小湯姆。校長說：無論如何請你幫幫忙，他們在學校的成績簡直就只差沒有負數了，而且頑劣得像三匹小野馬，把他們送回家三次，他們的父母又送了回來，因為找不到學校肯收他們。

我看了看三個孩子，似乎沒有什麼特別的特點——特別討厭，或者特別可愛。我答應指導他們，但我告訴校長，明天我再去學校接他們。

這是一個小技倆，我認為和品行不良的孩子在一起，孩子染上壞習慣比培養好習慣要容易得多，所以，我決定先把小史賓塞送到我父親那裡，再把這三個孩子接回來。

第二天，三個孩子來到我家，不知道是因為我在教育上的一點小小光環，還是第一次到有教養的人家裡，他們倒顯得很規矩，不像校長所說的，但我有充分的心理準備。

比起他們想要了解我來說，我更迫切的希望了解他們，但我也不希望他們對待這件事，像看待醫生為病人治病那樣，於是，我對他們說：「孩子們，從今天起，一直到暑假結束，我們就是一家人了，你們都是家裡的成員，我們要一起工作，一起玩耍，一起學習。我很歡迎你們的到來，今天晚上，我們會在屋後花園舉行一個歡迎儀式；白天，我們一起先到鎮上的木工廠工作，賺一些工錢。」木工廠是近來我常去做教具的地方，我決定帶他們去那裡。三個孩子高興極了，當我們到木工廠時，工人們都說：「史賓塞先生又收了三個徒弟。」聽到這話，他們還蠻高興的。

工作一整天下來，三個孩子雖然有些疲倦，但仍然興致高昂。晚上，我們買了些點心在花園裡慶祝，之後，我們玩起了十二張紙牌的遊戲。

從三個孩子的講述中，我逐漸明白是什麼使他們厭倦學習了。

勞倫斯是這樣描述的：

學校就像恐怖的城堡，老師總是用刻薄的話嘲諷我：「難道你願意將來像你父母一樣，每天在大街上掃地嗎？」壯得像校工一樣的農場主人卡爾的兒子，經常追著我打，老師不但不主持公道，反而說我破壞紀律。每天早上醒來，我一想到學校就害怕，我又想去，又不願意去……。

小湯姆的描述是這樣的：

以前，我的成績本來還可以，但自從妹妹出生後，媽媽就不喜歡我了。她總是對我嘮嘮叨叨，有時一點小事也會尖叫著責備我。我不想學習，只想好好氣氣她。

傑克的描述讓人有些心酸，他說：

我很恨自己，我也羨慕成績好的同學，但我總是管不住自己。每一次祈禱時，我就想笑，因為我心裡想說的是：「上帝啊，請賜給我一個又大又有很多蛋的鳥巢。」老師在上數學時，我簡直聽不進去，我的心早已飛到河對岸的森林裡了。

每次，老師請我父母來學校時，我恨不得把自己的手砍下來，因為它們總是不聽我的指揮；還有我的大腦，為什麼會去想一些沒有用的東西。有時我又想，要是我能像小史賓塞就好了，但是我一說出這種話，父親就會狠狠的說：「你去做你的白日夢吧！」

孩子們的祕密在我面前轟然打開。勞倫斯生活在老師不公正的恐懼中，這種陰影使他的自信心大受傷害，他怎麼可能喜歡學習和求知呢？他還沒有學會像成人一樣，忍耐不公正的對待，他也沒有學會像成人一樣，用其他方法來保護自己的自尊心。學校，並不會因為一個建築被命名為學校，而變成聖潔的地方。你想，要求一個出入垃圾堆的孩子保持衣著整潔，不是很荒謬嗎？

小湯姆的行為，則源於對母親的反叛情緒。

傑克，則完全出於孩子嚮往大自然的天性。

與所有訓斥和道德說教相反，我充分肯定他們每個人在願望上的合理性，然後設計出不同的訓練課程，這些課程，都是圍繞如何驅除他們心中不快樂的陰影而設計的。我認為，如果不先消除孩子心中的不快樂，卻想直接進行快樂教育，是不可能的，而且這種不快樂，幾乎會把三個孩子葬送掉。

我和勞倫斯談得最多的是弱小者應如何透過特別的、別人沒有的境遇，發現真理，成就品德，成為強者。小勞倫斯內心的恥辱感沒有了，反而激起他的使命感。

我知道，畢竟我無法改變社會的不公，但我可以造就一個熱愛公正的人。後來，勞倫斯成了英國著名的律師。

對於小湯姆，我讓他同情他的母親，她沒有受過多少教育，但她有一種執著的願望。後來，小湯姆成為受人尊敬的牧師。

而小傑克，我教他研究動物的方法，多年以後，他成了鳥類學專家。

有時，我真感謝上帝，祂賦予每個孩子不同的稟賦，目的是希望他們成為各個領域中的有用之才，這一點常常會被父母或成人所忽視，反而成為孩子們不快樂的源頭。

即使是天才，也可能會被不快樂扼殺啊！

快樂法則21 對孩子要有同情心

「父母難道會對自己的孩子沒有同情心嗎？」當我與朋友談到這個問題時，他十分詫異的反問我。

是的，很多父母對孩子是缺少同情心的，原因僅僅是：「因為他是我的孩子。」這個「我的」既包含著不容置疑的意思，也包含著因為是「我的」，所以用不著去同情的意思。

如果一個同事不小心撞破了頭，人們會說：「怎麼回事？一定很疼吧，趕快去包紮。」

如果是自己的孩子踢足球或做其他事時腳受了傷，父母首先會尖叫著責罵一番，好一點的父母會趕快替孩子醫治，差一點的則會把這看做是對孩子「犯錯」的懲罰：「誰讓你去踢球的？這麼不小心！」

當一個同事工作出了差錯受到主管訓斥，工資被扣、職位被降時，一般人會安慰他：「沒關係，下次小心一點就是了。」可是，如果孩子從學校拿回來的成績單是滿江紅，或沒有達到父母的要求，他可能得到的是一陣怒罵或一頓暴打。

這究竟是怎麼回事呢？是不是父母真的對孩子缺乏同情心呢？

是的，確實如此。

誰又在生活中沒有過挫折和失敗呢？成人對這一點體會最深，但很少對孩子有這樣的同情心。

然而，正是這種不同情，深深傷害了孩子的感情和自信心。

我從小史賓塞以及鎮上的孩子身上，深深體會到教育中一個重要的原則，就是對孩子要有同情心。同情，也是上帝賜給每一個人最寶貴的品行；同情可以讓我們去了解孩子、認識孩子，才能在教育者和被教育者之間，建立起真正的信任。更重要的是，同情心是孩子在受到精神和肉體上的傷害時，一道神奇的陽光。

所有的孩子相對於他們所面對的成人世界和自然世界來說，都是弱小的，但從肉體到精神上，每一個孩子又都充滿了希望。

特別要提到的是，經過我長期的研究發現：孩子越小，心理自我調節的能力越差。零到三歲的孩子，幾乎沒有自助能力；三到七歲的孩子，有一點點的心理自助能力；七到十二歲的孩子明顯有了自助能力，但還是很少。在這個階段，環境就像是做陶瓷的陶坯，如果長期處於不快樂的畸形環境下，孩子的階段性心理會成為他以後性格的原型。很少與母親在身體和感情上交流的男孩子，天生會對女性有強烈的羞怯感，嚴重的會變態為對女性報復，或對女性缺乏正確的判斷；經常受到父親毒打、斥責、教訓的孩子，

會形成一種強烈的反叛性格，與社會不合作，很難融入團隊中，對合理的規則也自然產生反抗。

看一看自然界的例子吧！幼鳥總是因為弱小的身體和感知能力，而被父母照顧。人類也應該如此。

我認為，應該時常以同情之心，去體會孩子在各種境遇中的不快樂。一旦你知道是什麼原因導致他不快樂，想要幫助他解決問題就容易多了。

這並不是不對孩子的錯誤、過失，進行指導和管教，只是在這些活動中，應該要有同情心。

快樂法則22 發現孩子不快樂的原型

俄國作家托爾斯泰的《戰爭與和平》，書中最開頭的兩句話，深深吸引了我：「幸福的家庭是相似的，而不幸的家庭則各有各的不幸。」我認為，這句話同樣可以用在孩子的教育上：「成功的孩子都是相似的，而失敗的孩子卻各有各的原因。」

幾乎所有成功的孩子，在教育上都會幸運的會遇到好的引路人，有的是他們的父母，有的是他們的老師，有的是朋友，有的可能是大自然。而所謂「失敗」的孩子，一

般是由各種類型的不快樂者所導致的。

1.對教育完全不懂又缺乏同情心的父母。

2.對孩子教育從不負責的父母。

3.嚴厲而刻薄的老師。

4.凶猛而無知的同學。

5.俗氣而愚昧的親戚。

6.已經變壞的兄長。

7.長年不得志、內心陰暗的老師。

8.粗暴、武斷的長輩。

9.有遺傳性精神疾病的家庭。

羅列下來，這些原型還更多。對於明智的父母來說，當發現孩子在求知、習慣和心理上有問題時，首先要做的，不是判斷他「不行」（因為，孩子絕沒有任何責任和承擔責任的能力），而是像醫生發現病因一樣，去發現不快樂的原型。有經驗的人一定知道，惡夢不管有多可怕，一旦說出來，就會好得多。

鎮上的費舍爾神父曾傷感的告訴我，他經常到少年監獄去，他發現了一件令人痛心

的事：凡是受鞭笞次數越多的孩子，進少年監獄的次數也越多。

以上帝之名，我想告訴所有的人，在我們的社會裡，一直忽視一個真相，那就是有許多具有良好天賦的孩子，因為被家長或老師判定為智力和意志都很差的人，而真的成了現實生活中不成功的人。許多被一般法律和道德認定有罪的孩子，他們並不是真的有罪，而真正有罪的人，卻逃脫了法律和道德的懲戒，許多成人以愛的名義對孩子所犯下的錯誤，結果卻讓孩子用一生的痛苦來承擔。

一天下午，我和費舍爾神父在德文特河邊談到這些問題時，我發現似乎早已平靜領悟上帝旨意的費舍爾先生，眼睛溼潤了。

他說：「有時，我真的有些懷疑，上帝還能幫助我們什麼？祂要拯救我們成人的心靈，但社會和現實的誘惑，以及我們人類的欲望又那麼強大；祂賜給我們孩子，可是孩子在肉體上又是那麼弱小。史賓塞先生，您能告訴我嗎？」

「教育！只有每一位父母和成人，都像他們做生意、種植、飼養一樣，學習教育的方法，社會才能不斷增強理智、文明的力量。」我這樣回答。

快樂法則23　讓家庭給孩子快樂的力量

不是每個人都能完全改變孩子的境遇，即使父母已經意識到這種不快樂境遇對孩子的壞影響，但是，每位父母都可以改變自己的家庭。為什麼有的家庭總能夠幫助孩子應付各種問題，有的卻不能，反而會因此埋怨孩子呢？我認為，家庭是否能夠給孩子力量，取決於成員之間的感情和思想聯繫的密切程度，因為不管孩子在外面遇到什麼，家庭是他的加油站，是他堅強的後盾。

在一次家長座談會上，我給熱切希望得到幫助的父母們，提出了九項建議：

(一) 家庭共聚的時間是神聖的

有一次我問小史賓塞，在他記憶中最美好的生活片斷是什麼？這時的小史賓塞已以優異的成績考上劍橋大學，他說：「是每天晚上我們聚在餐桌前，一起祈禱、一起閒聊的時候。」

(二) 互相認識，可以使孩子獲得心靈的力量

人們也許會問：「我們是一家人，難道彼此還需要認識嗎？」但實際情況呢？我們

可能熟知的只是對方的名字、長相。做父母的常常只注意現實的家庭瑣事或家庭開支這樣的事情，而沒有時間和興趣去探知自己和孩子的情感。你曾有幾次坐下來和家人談你的理想、目標呢？你又有幾次向孩子們詢問：「你擔心什麼？你相信什麼？你快樂和不快樂的事是什麼？」

不要擔心這會浪費時間，相反的，做與這些不相關的事，才是真正的浪費時間。

（三）適當的讓孩子為家庭分憂

很多父母在遇到疾病、經濟吃緊、親人死亡的事時，常常會瞞著孩子，他們的理由是怕嚇到孩子。其實大可不必這樣，只要你在講述時不去誇大，而且表現得有信心，孩子是不會被嚇到的。如果完全對他們隱瞞，他們大多會把事情想得更糟，或者有被拋棄和不被重視的感覺。

孩子也只有在這些事情中，才能培養出面對生活必須的勇氣。

如果有兄弟姐妹病了，或父母、祖父母病重，應該讓孩子知道，並讓他參與辦事，如買藥、送信等，這樣才能在生活中培養他們處變不驚的鎮定和勇氣。如果有財務困難而完全不告訴孩子，他們可能會猜想沒有飯吃或沒有地方住等悲慘的情況，然而，實際情況也許只是放棄一些奢侈品而已。

（四）珍視全家一起用晚餐的時光

即使最忙碌的時候，每個星期也應至少有一、兩個晚上和孩子輕鬆的用餐，而這時不要數落孩子的不是。

有一句古老的格言，我希望能放在每個家庭的餐桌旁：

一家人吃飯時，爭論還是談話，稱讚還是訓斥，是一個很好的測量計，它可以看出這個家庭是疏遠分離，還是越來越親近。

適當的時候，要鼓勵孩子請他的朋友來家做客，這樣可以讓父母認識子女的朋友，也使孩子感到自己在家裡受尊重。

（五）定期和孩子合作完成一件事

在任何團體裡都是這樣，某個人提出一件大家都感興趣的事去做，會使所有人的心情為之振奮。

我經常和小史賓塞一起合作去做一件事，比如：種植植物、把散亂的照片整理成家庭相簿，或一起烤出一盤香氣撲鼻的麵包。

我們合作過最大的一件事，是訂做一張大餐桌。我們一起選木料、設計草圖，經過

好多個星期的努力，當餐桌完成時，我們互相對望著，高興得叫了起來。後來，這張餐桌成了我和小史賓塞的紀念品。

（六）建立固定的家庭傳統和儀式

根據我父親和祖父的一些慣例，我認為固定的家庭傳統和儀式，會讓孩子對家庭產生必要的敬畏和歸屬感，也能培養孩子從小學會區別哪些是一般的事？哪些是重要的、有特別意義的事？

如：到教堂參加禮拜、春天出去遠足、秋天登高、特別的生日會……

（七）不可缺席的遊戲

和孩子一起玩遊戲，這是動物也會做的事，但並不是每位父母都願意。在遊戲中一定要公平，不能因為他們是孩子而輕慢他們。

我最讓小史賓塞傷心的是有一次我們在月光下捉迷藏，等他躲好以後，我突然想起有一件很重要的事要做，沒告訴他一聲就離開了。最後，小史賓塞的失望和傷心使我內疚了好幾年。

（八）在孩子睡前告訴他一些家裡的往事

爺爺是怎樣白手起家創辦學校的？最早我們從什麼地方搬來，那時這裡是什麼樣子？我是如何開始寫作的？這些事，有時會比講虛構的故事，對孩子的吸引力還大，同時，這會讓孩子體會到親密、體貼的感覺。

（九）沒有距離的家庭

我曾在家族裡編寫一份家族通訊錄，要求每個人都加一點自己的消息上去，我希望每個孩子都能參與，並從另一種角度來看待家庭和生活。

你想想看，家庭能傳遞給孩子的力量是如此巨大，無論什麼不快樂都會被克服。同時，孩子也會在參與活動的過程中，逐漸形成不同於一般兒童的價值觀。

第6章 快樂的智力培養

- 除了極少數有智能障礙的孩子，或天才、神童之外，絕大多數的孩子只存在智力特點的區別，而不存在智力高低的差別。所有已經表現出來的智力，在一個人的潛能中，所占的比例僅僅是萬分之一而已。

- 堅信自己的孩子與別的孩子相比，僅有特點不同而沒有智力高低的差異；堅信這種不同的特點，也是上帝宏偉計畫的一部分；堅信自己對孩子的信心，不但可以改變自己，也可以改變孩子。

- 在孩子的智力培養中，「揠苗助長」和「放任不管」都是有害的。比這兩種方式更有害的，則是懲罰和暴力。

快樂法則24 請相信孩子的智力

如果有一天老師告訴家長，這些孩子比較聰明：「那些孩子比較差一點，其餘少數的孩子更差，近乎愚蠢。」此時，家長會怎麼想呢？有的相信了，有的半信半疑。

如果又有一天，老師拿著智力測驗表和幾學期的成績單告訴家長說：「看吧，果真如此，這些孩子的智力測驗在八十分以上，那些在六十分以上，而其餘的在四十分以下，他們幾學期的成績也大至如此。」此時，家長會怎麼想？也許，連半信半疑的，也完全相信了。

難道，上帝真的把聰明只給了一些孩子，而給其他孩子的是平庸的天資，甚至是愚蠢嗎？

事實完全不是這樣！

我認為，除了極少數有智能障礙的孩子，或天才、神童之外，絕大多數的孩子只存在智力特點的區別，而不存在智力高低的差別。所有已經表現出來的智力，在一個人的潛能中，所占的比例僅僅是萬分之一而已。即使是少數智力和身體有殘障的孩子，他們在現實中的狀況，多半也是由於現實條件和教育方式所致。人類沒有學會開發石油時，並不能說明石油不存在；一個地方不儲藏石油，也並不能說明這地方沒有儲藏其他有價值的東西。

「智商」這個概念就和考試題目一樣，是人為的。「智商」最多只能證明一個孩子學習成績的百分之三十五到四十，一半以上的成績是不能用「智商」來解釋的。正如在智商研究方面的權威人士卡爾先生所說：「如果僅僅靠智力測驗來選拔孩子的話，我們就埋沒了百分之七十有創造力的人才。」

讓我們看看世界上的樹木吧！有的結出果子，有的則不會，即使在果樹中，有的結的是蘋果，有的結的是梨。結果子的樹可以提供水果，不結果子的樹則可以成為棟梁之材。關鍵在於我們用什麼方法，去培育和發展它們自身的價值。

人類是世界上最神奇的「物種」，他有靈性和稟賦，簡單的用聰明或遲鈍這樣的概念去判斷孩子，結果和判斷者一樣愚蠢。

把一個孩子判斷為愚蠢，是最簡單和容易的事了，因為這樣可以不用承擔責任，有的父母便把期望寄託在第二個、第三個孩子身上，結果當然可想而知。

我要告訴所有父母的是：堅信自己的孩子與別的孩子相比，僅有特點不同而沒有智力高低的差異；堅信這種不同的特點，也是上帝宏偉計畫的一部分；堅信自己對孩子的信心，不但可以改變自己，也可以改變孩子。關鍵是長期保持這份信心，並把它變成可以實施的計畫。

耶穌說：「只要你相信，你所信的一切，對你來說，就是可能的」「只要有芥籽那樣大的信心，也可以移動一座山」。我真的相信祂說的是真理。在對小史賓塞和其他孩

子的教育上，我常常看到奇蹟發生。

我也要告訴所有父母和看到這本書的人，培養和教育孩子，是一件造就他人的善行，對孩子有信心，也就是對造物主有信心。而培養和教育的信念就是：讓孩子的潛能得以開發，讓他成為一個對別人有益，自己也快樂富足的人。

史賓塞的快樂法則

做一個快樂的教育者，應該做到以下幾點：

◎相信每個孩子只是特點不同，而非真正有優劣之分。

◎相信父母在改變自己的時候，孩子也會得到改變。

◎相信每個孩子都具有無比的潛能，表現出來的只是萬分之一，你需要去開發、挖掘它們。

◎即使在教育上遇到很大的困難，也應堅持許多奇蹟同樣也發生在這個時候。

◎相信生命孕育和誕生如此偉大而奇妙的工作，它的「產品」不可能像一般事物那樣簡單。

◎對所有否定孩子智力和潛能的說法，都給予勸戒。不但不減信心，反而增加。

◎制定一個長期和短期的智力教育計畫，並堅持實施。只求耕耘，不問收穫（因為收穫是必然的）。

◎相信培養、教育孩子，和勤勤懇墾的做其他工作一樣，是一件上帝也會嘉獎的善行。

快樂法則25　發現孩子的潛能和專長

如果讓你描述一下自己孩子的特點，相信所有的記憶都會像潮水一樣向你湧來，這正是了解自己孩子的基礎。

以下，是每個孩子都可能具備的基本能力，讓我們來看看有哪些？

1.他特別會背詩和有韻律的句子。

2.他很注意你在愁悶或高興時的情緒變化，並做出反應。

3.他常常問，諸如「時間從什麼時候開始？」、「為什麼小行星不會撞到地球？」這樣的問題。

4.凡是他走過一遍的地方，他很少迷路。

5.他走路的姿勢很協調，隨著音樂做的動作很優美。

6. 他唱歌時音階很準。
7. 他經常會問「打雷、閃電和下雨」是怎麼回事。
8. 你如果用詞錯誤，他會糾正你。
9. 他很早就會自己繫鞋帶、騎腳踏車。
10. 他特別喜歡扮演某種角色，或自己編故事。
11. 出外旅行時，他能記住沿路的標記，並說：「我們曾到過這裡。」
12. 他喜歡聽各種樂器，並能辨別它們的聲音。
13. 他畫地圖畫得很好，且路線清楚。
14. 他善於模仿各種身體的動作及臉部表情。
15. 他善於把各種雜亂的東西分類。
16. 他擅長把動作和情感聯繫起來，譬如他說：「我們興高采烈的做這件事。」
17. 他能精采的講故事。
18. 他對不同的聲音發表評論。
19. 他常說某某像某某。
20. 對別人能完成與不能完成的事，他能做出準確的評價。

第1、8、17項，代表有語言天賦。具有這種才能的孩子，很早就是個興致勃勃的交談者，他能用自己加工過的詞句來表達，很容易學會一些新辭彙或長句子，很早就會講故事。

具有語言才能的孩子，父母應該經常請他描述一些物件、一件事、一個自然現象等等，並提供他這方面的書籍。

第6、12、18項，表現的是音樂才能。這類孩子在很小的時候（二到三歲），就特別注意傾聽有規律的聲音，只要有音樂出現，他就會瞪大眼睛專注的聆聽，這時他所表現出來的專注程度，連七、八歲的孩子都比不上。這表示他在音樂方面有很大的潛能。

第3、7、15項，代表在數學、邏輯方面有天賦。他喜愛下跳棋和象棋，能很快明白一些等量關係，如果給他一些完全混亂的玩具，他會分門別類的把它們歸類。這種孩子也許上學後的數學成績並不理想（這可能由於他對講述的課程語言方式不適應，或注意力太容易被分散所引起），但他在這方面的潛能是不容置疑的。

第4、11、13項，是空間方面的才能。他有豐富的想像力，他對繪畫、機械組裝有濃厚的興趣。應該多帶他去旅行，並從小讓他做畫地圖的遊戲。

第5、9、14項，表現的是肢體動覺方面的才能。運動員和舞蹈家，都有這方面的天賦。

第10、16、20項，是自我認識的才能。第2、10、19項，是認識他人的才能。這類孩子，對自我和別人，都常常不由自主的做出判斷和反省，具有與人交往、溝通、組織方面的潛能。

從左邊這張表中，更能清楚看到孩子潛能發展的趨勢。

對應的潛能分類		表現特點
音樂	⇒	第6、12、18項
數學邏輯	⇒	第3、7、15項
空間	⇒	第4、11、13項
肢體動覺	⇒	第5、9、14項
語言	⇒	第1、8、17項
自我認識	⇒	第10、16、20項
認識他人	⇒	第2、10、19項

在現實生活中，每個孩子的潛能表現各有所不同，有的早一些，有的晚一些；有的強一些，有的弱一些，但這並不代表誰優誰劣。

有的孩子可以同時表現出多項潛能，甚至全部；有的可能只有一、兩項，這也不代表誰優誰劣，關鍵在於他以後如何平衡的發展。

現在，我們再來看一看自己的孩子，會發現一個事實：幾乎沒有任何一項潛能表現都不具備的孩子。因此，我要告訴父母們，上帝並不是特別偏愛某些孩子，而拋棄其他孩子，每一個生命都具有靈性和與生俱來的稟賦，關鍵在於怎樣去培育和開發。

同時，我也注意到另一個事實：有些在某方面明顯表現出潛能的孩子，後來完全喪失了這方面的能力；而有些表現不太具備某項潛能的人，卻在這方面得到很大的發展。可見，後天的教育和自助學習，是何等強烈的影響一個孩子的發展。

史賓塞的快樂法則

◎隨時留心觀察孩子，了解他的潛能和特點。

◎對於孩子表現出有潛能的方面，即使不希望他選擇這方面做為發展方向，也不要完全限制，至少讓他可以擁有這方面的愛好。

◎不否認每種潛能的價值。

◎對孩子暫時表現出的不擅長的能力也不要心急，最好順性發展。
◎對於孩子在語言、數學邏輯，和對己、對人的認識方面的能力，應做為基本能力然後加以開發、培養。
◎一旦發現孩子在某方面的潛能，就應該為孩子設計一份不同階段的計畫並實施，這是決定孩子的潛能是否能夠得到發展的關鍵。

快樂法則26 用興趣誘導孩子快樂學習

「興趣，是學習和求知最大的動力。」這句古老的諺語，今天和以後都不會過時，這不僅僅是一種方法，而是人類知識獲取的一個古老而充滿智慧的法則。同樣的，「誘導，是教育和培養孩子最好的方法。」這句話，今天和以後也不會過時。

興趣，是孩子對事物的主動選擇；誘導，則是促使和加強孩子的主動性，使興趣變得持久、有目的。

一個在語言、空間、數學邏輯或肢體動能力等方面有潛能的孩子，他也會常在這些方面表現出興趣，雖然這種興趣常因孩子的好動和注意力轉移等特點而不能持久，但這種天生的興趣是不會改變的，除非遇到來自父母、老師等外在環境的壓制或厭惡。

我非常遺憾許多父母雖然對孩子有強烈的教育和培養的願望，但常會指責孩子一些「沒有用」的興趣，父母會按照社會或學校既定的模式，去設計孩子的未來，並企圖把孩子的興趣與這些模式聯繫起來，把「有用」的興趣保留，「沒用」的則刪掉。實際上對孩子的心智發展來說，很難用「有用」或「沒用」去區分他們的興趣，應該說每一種興趣對孩子的求知來說，都是有價值的（除非是已明顯表現出有違社會倫理和道德的興趣），明智的父母總能利用這些興趣，把孩子引向各類知識的殿堂，並培養出孩子好的求知習慣。

幾乎所有的孩子都對小動物有濃厚的興趣。一隻螞蟻、一隻小鳥、一群蜜蜂或是一條小魚，都會吸引孩子注意很久，但如果要他們花二十分鐘去背誦一篇文章或一首小詩，卻是非常困難的，可是，他們會在沒有任何督促和要求下，花一個下午去觀察一群螞蟻的活動。這幾乎是每個父母都熟悉的情景。孩子興致勃勃，心無旁騖，即使太陽把背晒得脫皮，或汗水順著脖子往下流也不在乎。這就是興趣的力量。

然而，我們理智的、毫不懷疑的會知道，即使讓孩子花上一、兩年的時間，像這樣與螞蟻玩，他也不能增長多少知識。這時的關鍵就在誘導，誘導孩子從中去獲得新的知識、方法，和對自己有益的習慣。小史賓塞正是從「螞蟻的課堂」，開始了對他一生都有影響的知識之旅。

當我發現小史賓塞開始對螞蟻產生興趣時，我也加入了他的「興趣小組」。第一天，僅僅是看，是玩，看牠們怎樣把一粒麵包屑搬回家？怎樣跑回去報信，帶來更多的螞蟻；第二天，我擬出了一份關於螞蟻的「研究」計畫：

1.在「自然筆記」裡，開設螞蟻的專頁。

2.從書本上了解螞蟻，並做筆記。

3.螞蟻的生理特點：吃什麼？用什麼走路？用什麼工作？

4.蟻群的生存特點：蟻群有沒有國王？怎樣分工？怎樣培育小螞蟻？

有了目標，小史賓塞的興趣更濃了。如果說剛開始他只是覺得好玩，那麼現在他還覺得有意義了。這項研究，持續了幾乎一整個夏天。實際上，在這份計畫裡，已融入了有系統的獲取知識的方法，還能培養孩子專注以達到目標的意志。

父母在這種事上「所表現出來」的興趣，會使孩子獲得肯定，而有目的的誘導，又會在不知不覺中讓孩子學會求知的方法。需要注意的是，父母的目的性不能太強，因為渴望自由是人類與生俱來的，一旦意識到這是一項任務，有的孩子會興趣大減。

回過頭來看，成人世界中有目的和有意義的研究，最先開始的也是起源於興趣，之後才是需要。類似這樣的事，一件又一件的「必然的」發生在小史賓塞身上，螞蟻之後是魚，魚之後是鳥類，鳥類之後是蜜蜂。有趣的是，小史賓塞不僅學習這些動物的一般知識，而且開始發現牠們的一些「社會特點」（準確的說是「群類特點」），他甚至得

出一個結論：動物實在是太聰明了，在某些方面，比人類更聰明。進一步，他開始發出疑問：為什麼牠們會有這樣的「智慧」？牠們是現在才有的呢，還是一直都有？是自己慢慢形成的呢，還是某種神祕力量給予的？

我也無法確定，只好告訴他關於這類問題，成人世界也一直存在的兩種觀念，一種是物種進化的觀念，另一種是上帝決定的觀念。

接下來，問題變得更複雜。小史賓塞希望了解達爾文和上帝。我知道這正是小史賓塞智力發展的重要時期，「疑問是智慧的泉源」。儘管我的父親在對我的教育中，從來不承認超自然的力量（《聖經》對他來說，僅僅與信仰有關，而跟知識無關），但我還是認為，應該讓孩子自己去得出結論。我向小史賓塞推薦了兩本書，一本是達爾文的《進化論》，另一本是《聖經》。在小史賓塞所有的書中，這兩本具有非常獨特的價值，一是因為這兩本書是他興趣和疑問所在，另一個原因是因為這兩本書，而影響了他的世界觀，後來小史賓塞從劍橋大學畢業時，他的畢業論文居然也與這兩本書有關：〈世界的可知和不可知〉。正是這篇讓許多劍橋大學的教授和學者認為觀點新穎、有獨特啟發價值的畢業論文，使小史賓塞獲得了博士學位。

現在，我可以毫不猶豫的告訴所有的父母，每一個孩子都會對不同的事物產生不同的興趣，每一種興趣都會對應孩子的某種潛能或專長；我也可以毫不猶豫的告訴所有的父母和老師，沒有笨的孩子，只有方法不恰當的父母或老師。

但是，大多數父母和老師面臨的一個共同問題是，他們畢竟不是教育方面的專家（事實證明，有很多在某方面的專家，連自己的孩子也無法教育），如何讓孩子的興趣對位（指興趣對應於潛能），如何利用孩子的興趣有系統的誘導、深入，對許多父母來說是有一定難度的。那麼，教育方面的專業人士呢？那些以此來獲得薪水和榮譽的人呢？非常遺憾，現在的英國，包括歐美其他國家，他們沒有興趣，或沒有能力去做這方面的工作，哪怕是編寫一套有趣的興趣教材，也不願意去做。多數的教材是枯燥乏味的，彷彿不如此，不足以顯示教育家們的專業和學術地位，更可怕的是，他們在設計考題時也這樣做。

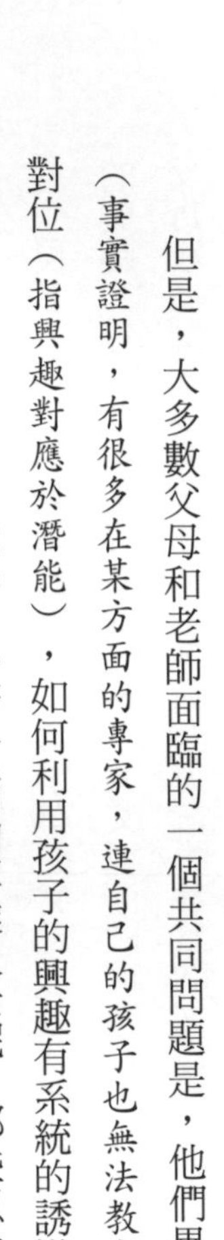

史賓塞的快樂法則

◎當孩子對某件事物表現出興趣時，不因為自己認為「沒用」，而指責、否定他。
◎利用這種興趣可能帶給孩子快樂的專注，從而獲得與這一興趣相關的知識。
◎誘導孩子透過自己查閱和請教別人的方式來獲得知識。
◎記錄，是使知識存留下來，並訓練使用文字、圖畫、書籍的好辦法。

◎對於還不具備文字記錄能力的孩子，父母也要給他準備一本筆記本，把題目寫下來，讓他口述。

◎對孩子盡量不使用「任務」、「作業」這類名詞，而代之以有趣的開頭。

快樂法則27　智力培養中拒絕懲罰和暴力

在孩子的智力培養中，「揠苗助長」和「放任不管」都是有害的。比這兩種方式更有害的，則是懲罰和暴力。

懲罰和暴力，常常被認為是父母教育孩子的最後一招，但我認為，這是最不可取的一招，因為它不可能有什麼有益的效果，特別是在智力培養上。在一些涉及道德、倫理的問題上，父母用這種方法，並不是完全沒有必要，但在智力上則恰恰相反。

我看到過上百個這樣的例子。父母或老師嚴厲的指責孩子：「難道連這樣簡單的問題，你也不會嗎？」「一定要寫完功課，否則今天一整天都不能出去玩！」「你怎麼這麼笨？」「隔壁的約翰可比你強多了！」……父母的憤怒使空氣顫抖，激烈得足以振聾發聵，而孩子除了緊張的看著地上，或木然的瞪著書本，什麼也不知道。

我能理解父母或老師這樣做的目的，無疑是要使孩子注意力集中，希望透過訓斥與

懲罰，使他們的心思固定在所做的事上。但結果卻適得其反，激憤的言詞或打擊，使孩子內心產生恐懼，這種恐懼和傷心會迅速蔓延開來，占據他整個心，使他再也沒有容納別種印象的空隙，頭腦一片空白，對自己和別人所說的茫然不知。此刻，他已喪失了對環境的洞察力，心裡紊亂、慌張，在這種狀態下，他是不可能真正注意書本或知識的。

其實，漫不經心、疏忽健忘、見異思遷，都是孩子在兒童時期的自然表現，有時他們會「有意」這樣表現，有時則完全是自然的。「有意」的行為，表明他的反抗情緒，一般情況下，只要你說出他的情緒來源，他會自動放棄這種情緒，畢竟從天性來說，孩子並不希望長時間與成人對抗；對於「無意」的表現，應該溫和的提醒，給他慢慢調整的時間。

頻繁的訓斥和懲罰，會使你在孩子心目中，形成可怕、令人不安的印象，就像一個信號一樣，你一出現，孩子就緊張，任何教育的目的都不可能達到。

每一位做父母的，回想看看自己在童年時類似的經歷，當你被訓斥、懲罰時，你還會有心思去注意知識嗎？不會。你唯一注意的是，懲罰者的表情，觀察情況是會更進一步惡化，還是趨於和緩？

的確，父母對孩子具有支配權，但應該要慎用這種權力，不要成為驚嚇孩子的稻草人，使孩子總是在恐懼的情緒中顫慄。也許，這種辦法可以使孩子變得容易管束，但對孩子來說，益處卻微乎其微，孩子一旦出現這種情緒，則應該停止學習，就像你不可能

在一張抖動的紙上，畫下什麼美麗的圖案一樣，你也不可能在一顆顫抖的心靈，留下什麼有用的知識。

我認為在對孩子進行智力培養時，應經常流露出親切和善意，這種親切與善意的情感，可以激勵孩子，使他樂於聽從來自父母或老師的指導。只有在自在、安適的情緒下，心靈才能接受新的知識，才能容納新的印象。

我的一位朋友，後來在哈佛大學任教的威克先生，曾在與我的通信中，回憶他父親的教育，他說：

我父親總是在訓斥我、指責我，有時用皮帶，有時用樹枝，那時，我幾乎沒學到任何東西。倒是有一次，他為了買書給我，冒著雪，步行三十多公里，回家時，天色已經很晚了。那次，父親給了我從未有過的學習動力。

說實在的，教育和培養孩子，有時，真有點像重複耶穌做過的事。

史賓塞的快樂法則

◎恐嚇和訓斥，對孩子任何的智力發展都沒有益處。

◎對任何孩子，都有比暴力更好的開啟智力的方法。

◎孩子只有在安閒、自在、快樂的情緒中，才能獲得知識。

◎許多孩子都為學習受過懲罰，但真正有用的不是鞭子，而是鼓勵和愛。

◎教育應該什麼時候停止，和它在什麼時候開始，同樣重要。

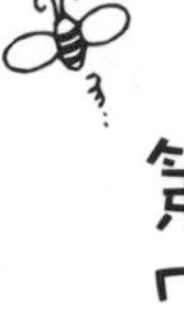

第7章 孩子心智成長的規律

任何具有永久用處的東西，必須費力得來才會持久，所謂「來得容易，去得也容易」，是一句在財富和知識上同樣適用的話。

仔細觀察是一切偉大成就的必要條件，藝術家、科學家需要它，醫生診斷需要它，工程師需要它。

在所有教育變革中，最值得人們注意的是，把知識的獲得當成一件快樂的，而不是苦惱的事情。

寫下這個題目時，連我自己也被嚇了一跳，心中不住的想：「難道這些規律，以前沒有人知道嗎？」、「難道以前孩子所接受的教育，有問題嗎？」。

是的，的確如此，不過，這也沒什麼值得太驚訝的。人類並不是一開始就明白所有事物的規律。比如雷電，當人們不知道它的成因時，只認為那是神在發怒；比如十五世紀的人並不知道地球是圓的。對孩子的教育問題，同樣有一個漸進的認識過程，因此，更多的孩子有了受教育和受科學教育的機會。

各個時代的教育方法和教育制度，與當時的社會形態不可能沒有關係，特別是官方教育和由官方決定的教育研究。大體上，每個部分都會反映整體。

在專制政治下，命令嚴峻，靠權威和知識、輿論的壟斷來統治，並用一套荒唐的邏輯來駕馭人們的思想，這時，必然會產生同樣粗暴的學校紀律，一種禁令繁瑣、言出法隨的紀律，一種以棍棒、藤條、禁閉來維護的專制紀律。遺憾的是，這種教育制度竟然變成教育思想，許多家庭的父母居然爭相效仿，儘管他們從來也沒想過要讓孩子也和他們一樣，成為專制制度下痛苦不堪的人民。

快樂法則28　心智不可能按模式訂做

隨著專制的結束，教育也隨之改變，現在，已逐漸把幸福當作目標，工作的時間縮

短了，休閒娛樂也合法了；在教育方面，家長和老師開始認為孩子的許多願望並非不合理，兒童的遊戲也得到鼓勵。

在專制時代的看法是兒童的心智可以訂做，他們的能力主要靠老師和學校給予，孩子是一個可以把知識裝進去的器皿。

隨著專制的結束，我們也漸漸發現，心智演化有自然的過程，不合理的去干擾它，就會損害它，我們不能把人為的形式，硬加在一個正在發展的心智上。

快樂法則29　心智發育和身體發育同樣重要

在身體和心智方面，某個時期只注重身體的發育，而忽視孩子心智的發展；另一個時期又特別注重心智，而忽視身體。現在，人們開始看到要生活得成功和幸福，必須依賴這兩方面，有好的頭腦，但沒有足夠的生命力去使用它，也是無用的，許多神童長大後並無成就，就是這點最佳的明證。同樣的道理是，無論多麼健壯的身體，如果沒有心智的成長，也是無用的。因此我們發現，最好的教育有一個祕訣，那就是「知道如何聰明激發身體和心智上的能力」。

快樂法則30 發現知識比灌輸知識更有效

在記憶力方面，從前流行的死記硬背的方法已經過時，並證明這對孩子無用而有害。相反的，注重原理和運用，被證明是有益的。比如，九九乘法表應從運用中來讓孩子記憶；語法應盡量讓孩子在語言的自發環境中學習，即使一定要硬記，也只選擇那些已被證明是不朽的格言、經典文學，才讓孩子背。

在法則和原理方面，以前是先講法則，然後才讓孩子明白原理，也就是從一般到特殊。現在則注重從特殊再到一般，比如講解「任何生命離開了水，都無法生存」這個法則時，應該先讓孩子說出他們所知道的生命，在離開水後都會死去的實例，最後，才讓孩子明白這一法則。現在我們明白，任何具有永久用處的東西，必須費力得來才會持久，所謂「來得容易，去得也容易」，是一句在財富和知識上同樣適用的話。單獨的記憶儘管是件容易的事，但很快就會忘記，而那些知識如果被孩子所理解，就會永遠歸他所有。如果孩子們自己去發現這些知識，那麼解決新問題和解決老問題就會一樣容易（當然，並不是真的讓孩子自己從無到有的去發現，那樣知識的累積就太慢了，而是給予幫助讓他去發現）。一個只能記憶規則的孩子，一旦離開規則，就無所適從，而一個發現過知識的孩子，就會養成找出方法去研究的習慣。智力培養的成功與否，絕不是看孩子能記憶多少條規則，而是看他運用規則和組織有效的方法，以獲得新知識的能力。

快樂法則31　觀察，是一切學習的開始

在觀察力方面，經過長期盲目摸索之後，最後，人們看到了兒童遊戲所具有的意義和用途，一度被當作是單純無目的的遊戲，現在被認為是一個獲得知識、為日後打下基礎的過程。

在培養孩子的觀察力上，應注重孩子從實物中獲得知識的樂趣。培根說：「物理學是科學之母。」這句話已顯示出其在教育上的意義，如果忽略了感官的教育，會使人困倦、模糊。的確，仔細觀察是一切偉大成就的必要條件，藝術家、科學家需要它，醫生診斷需要它，工程師需要它。我們還可以看到，哲學家能觀察別人所忽略的事物間的關係，詩人能看到眾人看不到的美妙事實。因此，有系統的培養孩子的觀察力，成為教育的首要任務。

快樂法則32　快樂的，就是有益的

在所有教育變革中，最值得人們注意的是，把知識的獲得當成一件快樂的，而不是苦惱的事情。

我們知道孩子在每個不同年齡層所喜歡的智慧活動，都是對他有益的，不喜歡的智

慧活動就是對他有害的。孩子喜歡學某種知識，就意味著他的心智已經能夠吸收它；反過來，孩子討厭接受某種知識，就證明那種知識過早提出或方法不適當。我們努力使早期教育讓孩子愉快，使一切教育都有樂趣，我們逐漸認識到遊戲的價值（當然，過度遊戲又會使孩子受傷害），我們的計畫，一天比一天更符合孩子們的特性。正如我的朋友，著名的教育學家馬歇爾先生所說：「應該滿足兒童喜歡變化的願望，但要把滿足和提高知識相結合。」他還說：「在兒童表現出疲倦之前，功課就應該停止。」

在對所有教育培養效果的檢驗上，我們應該用是否使孩子愉快、興奮來做為標準，儘管從理論上看，某種做法看起來似乎很好，但它如果不能引起孩子的興趣，就應該放棄它。因為兒童的反應比成人的推論更可靠，在獲取知識能力的正常情況下，健康的活動是愉快的，引起痛苦的活動是不健康的。

快樂法則33　從小到大，由簡而繁

在教育的次序方面，我認為教育必須適合心智演化的過程。孩子的心智和自然界一樣，是由簡單到複雜，由小到大，由少到多，由局部到整體，由具體到抽象的。能力的自然發展有一定的順序，每個階段的能力，則需要供給不同的知識。

比如，孩子要經過多年的時間，才能形成關於地球的準確概念：地球，是一個有陸

地和海洋的圓球，上面有山嶺、森林、河流、城市，在自己旋轉的同時，又繞著太陽公轉。如果，跨越這些中間的事物，而讓孩子記住地球的概念，即使他記住了，他也會認為，這個圓球與自己所居住的地球，一點關係也沒有。

快樂法則34　自我教育，推動一生的力量

在自我教育方面，我認為應該盡量鼓勵孩子自我發展，引導孩子自己去進行探討、推論，應該盡量避免告訴孩子，而多引導他自己去發現。從人類獲取知識的方式來看，最主要的獲取方式是自我教育，而且效果最好，孩子的知識獲取與能力培養，也應參照這一方式，這點，已不斷在許多靠個人奮鬥而成功的人身上，得到證實。

一些從學校畢業的人，總以為教育只有在那種方式下才可能實現，總覺得讓兒童自己做自己的老師，是不可能有希望的。其實，這的確是一個誤導。我們要相信孩子自我教育的能力，並促成他在這方面的願望；要盡量培養他這方面的能力，就像他的身體一樣靈敏。一個從來沒上過學的流浪兒，他在生存能力和面臨各方面考驗時所表現出來的智慧，甚至讓成人都感到吃驚，同樣的，如果有一天你讓孩子完全自由的表達對事物的看法，他們表現出來的敏銳、生動，也會令你吃驚。

快樂法則35 不可替代的實物教育

在實物教育方面，我們進一步發現，不但嬰幼兒需要實物教育，大一些的孩子和青年，也應該重視實物教育，而且不僅是在家裡，課堂上也需要實物，還應該把範圍擴大，包括田野、樹叢、山林、海邊的事物等，時間也應該持續更長。在這裡，我們只需要遵照自然的指引去做。

有什麼事比兒童採集新鮮花卉，觀察新奇昆蟲，收集石塊、貝殼時更愉快呢？如果你讓一個植物學家把一群孩子帶到田野，你一定會發現，孩子們會積極的幫他找尋植物，專注的看他研究，圍著他問東問西。在孩子熟悉事物簡單的特性後，應該引導他們注意並不複雜的事實：植物花瓣的顏色、數目、形狀，莖、葉的形狀，以及花的形狀是輻射狀還是左右對稱？葉的特點是對生還是互生？是有柄還是無柄？光滑還是有毛？鋸齒狀還是鈍齒狀……？並讓孩子說出或寫下他觀察到的一切。等到適當的年齡，就可以提供他們一些工具，讓他們把這方面的知識記錄下來，並把有趣的植物保存起來。這個辦法，會使兒童獲得最大的滿足？如果堅持下去，不但可以使周末郊遊變得更有意義，而且會成為孩子研究事物的入門課。

快樂法則36　繪畫，早期教育的一部分

繪畫是否對所有孩子的心智培養，都具有普遍作用？繪畫僅僅是一門專門的技藝，或者也是兒童早期教育的一部分？

經過多年的爭論和教育實驗，這個問題已經得到答案：繪畫的確是智力教育的一部分，特別是在孩子的早期教育中，而且因為繪畫幾乎完全是由孩子自己完成的，因此，也是一個快樂的自我教育過程。

兒童時常會自動描繪周圍的人物、房屋、樹木、動物等，有紙和筆最好，沒有的話，他們也會自己找到繪畫工具，如：小石塊、沙子等等。那種強烈的、好模仿的傾向，與人類早期在山洞、岩石上繪畫的熱情一樣，他們努力想把自己看見的事物畫出來，這彷彿是向父母和老師發出信號，希望成人培養他們這方面的興趣和能力。

沒有比這更讓父母和老師興奮的事了。然而，是否能真正利用繪畫去開啟孩子的觀察、描摹、色彩和空間感知的能力，就需要適當的方法了，如果方法不恰當，就會像一個技藝很糟的木匠，把上好的材料和完美的設計弄得一團糟，有的甚至可能斷送一個繪畫天賦極高的孩子的前途。有的人教了半天，孩子什麼也學不到，問題的關鍵是方法和次序是否符合兒童心智的特點。

一般來說，孩子最早對顏色感興趣，這時輪廓只是為顏色輔佐的，要是允許他把一

些圖案塗上顏色，他會感受莫大的快樂。不只兒童才喜歡顏色，許多成人也是如此，先顏色後形狀，被心理學實驗證實。如果一開始就用一些繁複的形狀讓孩子去畫，他很快就會覺得力不從心而放棄，但是沒有形狀最終是不行的，我們可以先選擇一些簡單的形狀，然後再由簡到繁。

我們應該鼓勵兒童表現一些有趣的事實，這樣就可以使其所模仿的東西，逐漸有點像現實中的東西。孩子開始畫得不準確，是符合演化規律的，不論那些形狀多麼古怪，顏色多麼刺眼，重點不在於孩子是否創作了一幅畫，而是在這個過程中，他運用了手指、眼睛和思維。我們不只愉快的培養他們辨別顏色的能力，同時也使他們用筆的手，多少學會了控制和保持平穩。

在這個階段，那些各種各樣照樣「描圖」的方法，和一開始就用直線、曲線、複線概念教育的方法，一樣都是有害的。前一種方法，讓孩子從小就失去自己選擇描摹物體的機會，後一種方法，則讓孩子們望而生畏，很快就厭倦了。

只要稍微依據上面的一般原則，等到孩子們拿筆的手平穩了，也開始有一些比例感覺的時候，就可以開始「透視」課了。這聽起來有點嚇人，但其實每個孩子都喜歡，也希望去做。

把一塊透明玻璃垂直放在桌面，擺在孩子面前，對面放上一本書或杯子，讓他透過玻璃看對面的物體，眼睛不動；然後，用墨水在玻璃上按照物體的形狀描點，再把這些

點依照物體的輪廓連成線，使這些線蓋住物體的輪廓，讓它們重疊；最後，把一張紙放在玻璃後面，再讓他比較玻璃上的畫和物體之間的區別。他會驚喜的發現，它們形狀相似。

這是培養孩子仔細觀察物體，並把物體描摹下來的方法。慢慢的，他不再需要玻璃，他會自動描摹那些他感興趣的事物。

繪畫的興趣對孩子來說，會持續很長的時間，不管他是否會在這方面發展，鼓勵和培養這種興趣對孩子都是有益的。

隨著年齡的增長，他可以把這種才能用在自然筆記上，他總會興致勃勃的為自己畫上插圖、裝飾；他也可以用繪畫來表達內心的情感和想法，比如送給朋友或父母的自製生日賀卡、慰問病中的親友；他還可以用繪畫來講故事，在本子上記事。每一次運用，都會帶給他無窮的樂趣和真實的成就感。

第8章 培養孩子自助學習、自我教育的能力

- 孩子靠自己得來的任何知識，以及自己解決的任何問題，由於是他自己透過複雜的心智和意志活動所得，就永遠歸他所有。

- 沒有什麼比滿足孩子的興趣更有吸引力；也沒有什麼比興趣更能讓孩子忍受，哪怕是吃苦受累。

- 孩子的興趣不管看起來多麼無用而離奇，也同樣可以通向對他一生具有偉大意義的自我教育，一旦他獲得這種能力和習慣，同樣會導向他成為一個傑出的、優秀的、有教養的人。

快樂法則37 快樂而永恆的自我推動

我認為兒童早期的智力培養，應該和他們在青少年時期一樣，是自助學習和快樂教育相結合的過程。整個過程應該以培養自我教育能力為核心，它所引起的心智活動，應該是孩子樂意接受的。

首先，它確保印象的鮮明性和持久性，通常這是從其他方法中得不到的。孩子靠自己得來的任何知識，以及自己解決的任何問題，由於是他自己透過複雜的心智和意志活動所得，就永遠歸他所有。這種成就所需要的心智準備、思維的集中，與勝利後的興奮結合起來，使知識深深的印在腦海裡，這是任何單憑從老師或父母那裡得來的東西，都無法做到的。儘管孩子也會失敗，但由於在整個過程中，他的思維達到很緊張的程度，一旦獲得正確的知識時，就會牢牢的記住。

其次，這種自我教育的訓練，促使孩子不斷把他已獲得的知識加以組織和運用，今天獲得的知識，成為解決下一個問題的方法，下一個問題的解決，又成為解決新問題的前提。這樣得到的知識，馬上就轉化為能力。

再者，這種訓練在培養孩子意志和品行上有很大的作用，使他有勇氣和習慣去克服困難，有耐心集中注意力。失敗，堅持，再失敗，再堅持，這種性格對日後的生活，也具有重要的價值，使他們珍視榮譽，正視現實。我在對小史賓塞的早期教育中發現，這

幾乎成了他日後性格的一部分。

此外，這個方法也能夠引起孩子內心的快樂，不僅是因為獲得外在獎勵而快樂，而是活動本身是快樂的。長期以來，禁欲主義者總是把快樂當成是人生的奢侈和享受；但他們忽視了快樂本身也是一種正常有效的心智活動的前提，快樂也是一種對人、對己有價值的目標。

史賓塞的快樂法則

◎把培養孩子自我教育，貫穿於整個早期教育中，這是比任何財富都要寶貴得多的禮物。

◎如果說父母給孩子軀體，是為了給他第一個生命，那麼，培養他的自我教育能力，則是給他的第二個生命。

◎把是否引起孩子內心的愉悅，當作衡量教育方法、內容的標準。

快樂法則38 幫孩子形成自助能力和習慣

夏季來臨，在一場暴雨後，德文特河突然變得開闊起來，起伏的河水帶著兩岸漂落的蘆葦花，和上游漂下來的橡木枝幹，日夜流向遠方。

也是在這個夏天，小史賓塞的一篇〈星雲假說〉的文章，獲得了愛丁堡大學的自然徵文獎，當時他只有十歲。這件事，在德文特河兩岸被傳為佳話，許多教育學家、大學校長來信和我討論早期教育的問題，而教區的牧師則又一次邀請我向人們講述有關自我教育的話題。

我從不希望大家把小史賓塞當成神童或天才，因為我最了解他的思想和能力是怎麼得來的；我也不希望其他父母只看到結果，而不去學習培養孩子智力的漫長過程。事實上，這是一次漫長的跋涉，充滿樂趣，也需要耐心和智慧。

（一）讓興趣幫助孩子自我教育

沒有什麼比滿足孩子的興趣更有吸引力；也沒有什麼比興趣更能讓孩子忍受，哪怕是吃苦受累。

然而，幾乎所有的父母和老師都面臨同樣的問題：一是孩子的興趣可能五花八門，很多興趣看起來沒有前途，也與他以後要面對的社會沒有關係；二是孩子的興趣是多變

的，今天喜歡這樣，明天喜歡那樣，見異思遷，怎麼可能完全憑興趣去發展呢？三是許多孩子表現出來的興趣與父母的期望完全相反，誰願意違心的去滿足他的興趣呢？比如，一個孩子對烹飪發生了濃厚的興趣，而父母卻希望他學鋼琴或小提琴。

我認為不管孩子的興趣看起來多麼無用而離奇，也可以通向對他一生具有偉大意義的自我教育，一旦他獲得這種能力和習慣，同樣會導向他成為一個傑出的、優秀的、有教養的人。如果他對烹飪有興趣，那就從烹飪開始；如果他對木工有興趣，那就從木工開始。一般來說，如果一個孩子不太具備某方面的潛能，那麼，他偶爾產生的興趣會很快轉移，趨易避難，這是動物也會表現出來的本能。如果一個孩子長時間對烹飪有興趣，至少可以說明他對事物的味道特別敏感（鹹或甜）；他善於把某些東西進行組合、搭配，以達到某種效果；他注重事物的變化和變化程度；他對度量的概念有直覺能力；他喜歡群體，並懂得如何讓別人滿足，從而得到回報、讚賞或快樂。這些描述會讓你覺得，這是對一個具有領導和組織才能的人的描述。的確如此，在許多後來成為領導者的人中，愛好烹飪的人占絕大多數。當然，他也可能僅僅成為一個廚師（我並不認為當廚師有什麼不好）。關鍵在於他是否得到了正確的引導，只要細心去分析，你會發現，每種興趣都會有「有價值」的指向。

當偉大的耶穌向人們講「愛」的真理，他沒有像摩西一樣用十條戒律的方式，也不像許多先知一樣深不可測，他偉大的真理總是和平凡的事物連在一起，患痲瘋病的婦

人、稅吏、石頭、穀物、羊群、燈等，他使每個聽到的人內心都平靜下來，更有耐心，更加溫柔……。

這也同樣適合每一位父母，在對待孩子的興趣以及引導他們去成就自我教育上。

史賓塞的快樂法則

◎父母只提供必要的幫助，比如：工具、材料、書籍，僅此而已。

◎把從興趣到成果的過程，完整的交給孩子自己，當他們遇到困難時，適當給予鼓勵。

◎把孩子的興趣變成對家庭有用的東西，讓他感到他的興趣和工作的價值。

◎有機會讓孩子講述自己有興趣的事物。

◎提出一些新的問題，希望孩子自己去找出答案。

◎對孩子因興趣而產生的成果，做出階段性的評價，讓他看到評價的變化。他會很重視這種評價，並從變化中思考怎樣獲得好評價的方法。

◎如果想讓孩子的興趣保持下去，就不要隨時隨地滿足他；而如果想讓這種興趣消失，就不斷去滿足他，很快的，他就會感到無趣。

(二) 幫孩子準備必要的自我教育工具

如果一個孩子對植物很有興趣，他專注於它們怎樣發芽、長葉、開花、結果，但手邊卻連一本相關的書也沒有，他連怎樣製作標本、怎樣收集、怎樣整理都不知道，必要的防腐劑也沒有，他的興趣就會長時間停留在第一個階段，然後逐漸消失，根本談不上運用它來培養自我教育的能力。他會因為難度太大，而放棄這個充滿快樂的過程，許多極有潛能的孩子，就這樣變成了平庸的人。

因此，父母應該為孩子準備與他興趣相關的工具，包括圖書。書不一定要很多種，有時越多越不會被孩子珍惜，關鍵是要選一本好的書。研究教育的人和機構，也應該為孩子提供這方面的產品，不管多麼簡易，它畢竟給了孩子最有效的幫助。

孩子的教育過程很像戲劇，有道具和沒有道具的效果完全不同。

我在小史賓塞的教育中，先後製作了夾植物標本的本子、可以固定樣品的夾子、留下書寫和繪圖空間的紙張、放大鏡以及背包等等。這些東西，是小史賓塞自我教育的永久留念。我也告訴他如何採集、晒乾、防腐處理、分類放置和撰寫說明的方法。

總之，針對孩子的興趣，需要花上一點時間，幫他解決他自己無法解決的問題，這也是興趣得以長期堅持下去的良策。

需要說明的是，這種幫助孩子自我教育的工具不宜太多、太好，否則孩子的興趣會從原來的事物，轉移到這些工具上。

（三）讓孩子參加團體活動，找到志趣相投的朋友

「傷心需要自己處理，而快樂則需要有人分享。」這句話也同樣適合孩子的自我教育。讓孩子們組成活動小組、興趣小組，可以使他們相互激勵、交流，也可以把興趣與一定的團隊目標結合起來。孩子們在一起，常常可以找到志趣相投的朋友。

定期舉辦一些聚會、展出或野外活動等，會使孩子覺得更有樂趣。

（四）讓孩子自己擬定一個計畫

幾乎所有的孩子天生都是沒有時間概念的。他們渴望自由、無拘無束，但如果不加指導的把時間交給他，他就會像揮霍空氣一樣毫不在意。不過如果父母給他一個計畫，他不是厭倦，就是完全心不在焉，這是父母常常對教育失去信心的重要原因。適當的辦法是每天讓他自己做一份時間安排表，當然，許多孩子剛開始可能會按時間表去做，但接下來又忘了，父母除了提醒之外，還可以針對孩子每天完成計畫的情況打分數。一週下來，一個月下來，定期做一個評價，並適當給予物質和精神上的獎勵。

（五）從一定程度的生活自理開始

一般說來，一個生活自理能力很差的孩子，他的自我教育能力也會比較差，從對小史賓塞的教育中，我深深地感受到這點。自我教育並不僅指獲得知識，它也包括自我生

存能力的獲取。我清楚的體會到在生活中天才畢竟是少數，而且很多被譽為天才的人，也是從日常生活中來的。因此，到了有一定自理能力的年齡，應該讓他學會生存，比如：洗衣、做飯、掃地……，只要不是完全把他當作勞動力來對待就行了。

生活自理，還意味著培養孩子獨立、不依賴的意識和勞動的習慣。

許多孩子，特別是家庭條件好的孩子，他在生存能力上反而減弱。原因就是許多他應該自己去完成的事，都交給了傭人或者父母，這是不可取的。

（六）讓孩子獨立完成一些與生活有關的事

週末時，人們一般會到戶外郊遊，絕大多數是由成人做決定：帶什麼東西，遇到什麼情況該怎麼辦，在哪裡吃飯，哪裡住宿，花多少錢等等。孩子幾乎只是一個附屬品，很多時候，他們更像一個富有的紳士，由其他人安排著一切。我認為，完全應該把關係倒過來，他應該是責任人，而不是旁觀者。

快樂法則39　培養孩子閱讀的興趣

在人類的知識傳遞過程中，書籍總是有巨大的影響，這對孩子來說也是。如果一個家庭裡，沒有一定種類和數量的教育孩子的圖書，是不應該的。

我認為每個城鎮應該要有一個圖書館，哪怕是一間很小的屋子也行，只要有了，就可以慢慢增加，而每個家庭，也應該有一些藏書。不管世界如何變化，家庭如何變化，書中的知識和智慧是不會變的。有的家庭，一代又一代的累積圖書，不但成為孩子可以遨遊的巨大知識空間，而且還留下寶貴的求知傳統。

有藏書的家庭和幾乎沒有什麼書的家庭，孩子的最初環境就有了好壞之分。

除此之外，更重要的是要培養孩子讀書的興趣。

（一）越早培養孩子讀書的興趣越好

許多父母認為，嬰幼兒期的孩子理解力低，讀書給他聽也是浪費時間，其實不然。當嬰幼兒瞪大眼睛聽父母念書時，也許看起來他們不完全懂，但只要他不哭鬧，就證明他們的語言和理解能力在悄悄發生變化。就像你給一棵幼樹澆水時，它不會馬上長出葉子、開出花朵，但它的根在靜靜的吸收，體內的纖維組織也在發生變化。

除了小史賓塞之外，我曾對兩百多名閱讀理解能力較強的兒童進行研究，發現他們的共同點是從小就在父母的影響下，養成了愛聽書、讀書的習慣。

在每天的什麼時間讀書並不重要，只要每天堅持在同一時間讀十五分鐘的書，就一定會有作用。

（二）讀書的習慣最好遍及家裡每個人

孩子總是喜歡模仿，看見父母津津有味的讀書，自己也會去看看究竟有什麼吸引人，看不懂也沒關係，父母可以念給他聽。

（三）孩子要有自己的書櫃

在教育小史賓塞的過程中，有一段時間我發現他的書和我的書混在一起，他經常找不到自己的書。後來，我和他一起做了一個他自己的小書架，把各種書都貼上標籤，如：《聖經》故事、植物入門、童話傳說、兒童畫報……都分類放好，此外，我還給他準備了幾本工具書。小史賓塞非常喜歡這個屬於自己的書架，他把它當成了自己的小圖書館，只要有機會找到書，就整齊的放進去。

其實，只要有條件，孩子是喜歡書的。在我看來，存書比存錢更好！

（四）幫孩子選好書

對於開闊孩子的視野來說，書多一些當然好，但對於一些重要的、需要長期培養的領域，書並不是越多越好，因為書的內容良莠不齊，多了就會雜亂。因此，在每個領域選一本好書，就像選一位好老師一樣重要。有的孩子讀了五本書，可能不如一個孩子只讀一本書，就像你去聽別人演講，碰上一個有智慧的人，你會停下來，久久聆聽；而碰上一個嘮嘮叨叨、又沒有多少見識的人，則只會破壞你的興致。

不同的年齡層，有不同的閱讀喜好。三到六歲的兒童喜歡有色彩圖畫的小故事、科幻故事以及動物童話，簡短、生動、易背誦的詩句和文學作品，對他們也特別有用。六至八歲的孩子對書籍開始有偏好，除了父母認為重要的以外，可讓他們自己去選擇。八歲以上的孩子則喜歡幽默故事、民間故事、古典名著，以及奇幻、偵探故事。

第9章 培養孩子快樂寫作的能力

沒有什麼語言比真實的思想和感情更動人，也沒有什麼言辭比事物本身更具有魅力。熱愛真理，謙卑的折服於真理的語氣，比任何強辭雄辯都更讓人願意聆聽。

在根本上，寫作是孩子自己的事。也只有把寫作變成他自己的事，才能真正培養孩子的語言表達和寫作的能力。

「寫」是記錄，「作」是創作。「寫」就是把思想、感情、思考、事件記錄在紙上，「作」就是使這種記錄有恰當的體裁、形式、文采。「寫」是求真，「作」是在真的基礎上求美，使所寫的東西具有感染力、說服力。其實，寫作無處不在，要讓孩子從小就開始以各種方式來「寫」和「作」。

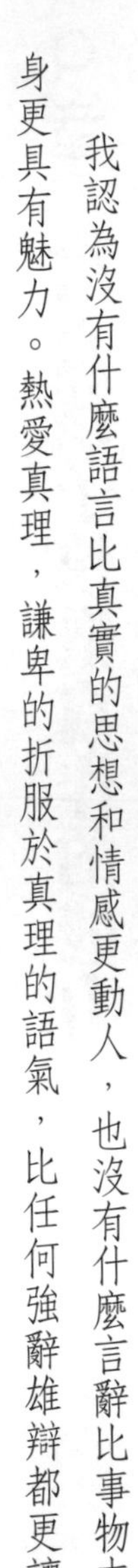

我認為沒有什麼語言比真實的思想和情感更動人，也沒有什麼言辭比事物本身更具有魅力。熱愛真理，謙卑的折服於真理的語氣，比任何強辭雄辯都更讓人願意聆聽。如果說寫作有什麼法則，這就是法則。

如果要在寫作上有所發展，就應該仔細觀察、細心體會周圍的人、事、物；如果要使自己的表達更吸引人，就應該經常傾聽內心的聲音。

快樂法則40 找到自己的語言

經典文學常常是用來教孩子寫作和表達的媒介。我們在讓孩子閱讀這些好作品時，應該告訴孩子，好作品之所以感人或有說服力，絕不是因為它是被印成了鉛字的好文章，而是因為它流露出真實的情感、思想，描寫了真實的生活。我們要告訴孩子，他自己也有許多東西可以寫出來，只要是真實的，就是美的，別人願意聽的、看的。

本來選一些文辭優美、內容感人的好作品讓孩子閱讀，只是為了讓孩子受到語言的薰陶、思想的開拓，但面對紙張，孩子往往就好像非得寫出像好作品一樣的文章來。孩子變成了所模仿的物件，因為忘記了自己的語言而感到痛苦，被迫用別人的語氣、思路去說話，也是痛苦的。正如走路一樣，如果一直認為自己走路的姿勢不好看，總是模仿別人走路的樣子，到最後，可能連路都不會走了。

快樂法則41　把回憶變成文字

一次，小史賓塞好奇的問我怎樣寫作文，我告訴他，從屋後的花園寫起吧！於是，他很認真的坐在花園裡，待了一個下午，卻沒有寫出幾行字來，當我拿起他的本子時，他說：「我不知道要寫什麼。」

我知道這是許多孩子都面臨的語言障礙，他們不習慣把記憶轉變成文字，也不習慣把看見的事物變成文字，總認為作文是一件複雜的事。於是，我告訴他：「試試快樂寫作的方式。假設你很想把我們屋後的花園介紹給你最喜歡的朋友，並希望他看了以後到這裡來玩，你就不會覺得困難了。另外，你已經很熟悉我們的花園了，用不著像畫畫一樣照著寫，試試用你的回憶。」

小史賓塞果然重新開始了。這一次，他寫得很順利，把花園裡有什麼樹、什麼花、什麼時候最好玩，全都寫了進去，彷彿要讓他的朋友立刻知道花園有多美、多有趣。

讀完小史賓塞這篇〈屋後的花園〉時，我深深的被感動了！原來，花園在小史賓塞的心裡，是一個快樂得像仙境一樣的地方。他這樣寫道：

夏夜，有時天上布滿無數的星星，我喜歡坐在花園裡，靜靜的看著它們，聽它們說話的聲音。涼風從花園的樹葉裡吹過，樹葉也像在低聲細語。

快樂法則42 不要讓語言潛能妨礙孩子寫作

一般來說，具有語言潛能的孩子，總是在口頭表達上表現得很出色，他們善於學習和模仿新的辭彙，天生就對成人的語言環境十分敏感，父母們常常會驚訝於他們在很小的時候，就會使用各種辭彙，各種句型的連接也是那樣的恰當、準確，各種修辭也使用得恰到好處，在辯論中總是占有優勢。本來，這種孩子已經有很好的語言潛能，完全可以在寫作上發展，但奇怪的是，他們作文往往寫得不好（當然，也有寫得很好的），原因是什麼呢？

我認為，是語言的天賦阻礙了真實的表達。

相反的，一些某個時期在語言上顯得笨拙、力不從心的孩子，反而能寫出好作品，因為他們比前者更珍惜語言，更懂得去傾聽內心和外在世界真實的聲音。

我認為，在教育孩子寫作的時候，對於語言潛能好、能言善辯的孩子要提醒他，語言本身的力量絕不會超過真實的思想、感情和真相；同樣的，語言如果離開了真實的生活和感情，只會變得華麗、虛弱。真理是樸實的，但每個人都願意傾聽。

我們還應該告訴孩子的是，不要把虛構當成了真實。童話，就是童話，而其他文體則應該是真實生活的寫照、真實思想情感的流露，一旦他明白了這個道理，他的語言天賦便會插上另一雙翅膀，在表達的天空自由翱翔。

我曾受到鎮上公立學校的邀請，演講如何寫作文。我談到這個觀點時，一位拉丁語老師反問：「難道我們不需要鼓勵孩子大膽想像嗎？」

是的，孩子是需要想像，但之前他最好先學會準確的描述自己和外在事物，最好先學會記錄自己的回憶，如果要虛構，那只是在寫故事和童話時才那樣做，不能讓孩子為了寫作文而去想像，就像不要讓孩子因為題目是快樂，而裝出快樂一樣。

快樂法則43　把寫作變成孩子自己的事

寫作，是一項作業、任務、要求，還是一件自己願意做、想做的事？這是每個孩子和他們的父母、老師都面臨的問題。儘管每個孩子都按照老師的題目、父母的要求在寫作文，但我認為其實不然。

根本上，寫作是孩子自己的事，也只有把寫作變成他自己的事，才能培養孩子真正的語言表達和寫作的能力。

讓孩子自選、自擬題目，是我對小史賓塞寫作訓練的一貫做法。我曾試著為他出題，但每個題目他都不感興趣或寫不下去，後來，我嘗試讓他自擬題目，他發現這是一件快樂無比的事，因為凡是他自己擬的題目，都是他熟悉的、想寫的，比如：〈蜘蛛的網〉、〈德柏特家的狗〉，最有趣的是一篇〈與史賓塞先生夜談〉的文章，把我和他討論「耶穌為什麼不逃走」的問題全寫了進去。這些題目，和我給他出的〈如何成為一個紳士〉、〈祖國〉等儘管相去甚遠，但每篇都真實、生動、有趣。

當然，麻煩也隨之而來，受我的影響，鎮上許多孩子都自擬題目寫作文，而且興致勃勃。一天，史蒂文太太拿著她孩子的一篇作文來找我，她怒氣衝衝，進門時差點被裙子絆住摔跤。她說：「我的老天啊！偉大的教育家史賓塞先生，看看，難道這就是你教給孩子的作文嗎？」

我趕緊接住她扔到我手裡的本子，仔細一看，題目是〈我的老天啊！〉——真是太巧了，與史蒂文太太進門說的第一句話一模一樣。

我的老天啊！

我的媽媽，也就是史蒂文太太，總是說我不聽話，她好像一點也不喜歡我，很多時候，她的尖叫和恐嚇讓我絕望極了。以下是我記得最清楚的話。

「難道你想挨一頓揍嗎？」

我當然不想。如果是問我想不想吃一枝霜淇淋，或者下星期不用上課，那我一定馬上回答她。不幸的是，當她說完「你想挨一頓揍嗎？」時，接著總是揪住我的耳朵——問我反正是多餘的。

「你再這樣胡鬧，我就剝了你的皮！」

這句話比乾脆打我一頓更厲害，我曾見過她吃力的把一隻兔子的皮剝下來，我絕不

會讓她在我身上練習這種技巧。

「這是我最後一次警告你。」

其實，我心裡明白，「最後一次」後面，還會有很多次。

「你以為你是誰？」

沒有什麼比這句話更讓我緊張的了。難道我是誰她不知道嗎？有時，我甚至懷疑，是不是我生下來時，真的和別人的孩子抱錯了。

「我洗衣服、煮飯，把手指都磨破了，還不是為了你們。」

其實，我早就建議她做這些家事時，最好戴上手套。

「你以為錢是從天上掉下來的嗎？」

我倒真希望是這樣，否則她又會說：「你以為錢是從地上長出來的嗎？」

「唉！我的老天啊！」

我一聽到這句話就絕望。難道，老天真是她的嗎？

當我看完後，差點忍不住笑出來。客觀的說，這是一篇不錯的作文，雖然有些偏激，但生動，還有一點幽默。我問史蒂文太太：「你覺得他寫得真實嗎？」

史蒂文太太回答：「真實——但這也算作文嗎？」

以我的學識和所受的教育來看，這無疑就是作文，而且是他自己的作文，並且，我相信許多父母看了這篇作文後，在教育孩子方面也會受到啟發。

我真不明白，為什麼一定要讓所有的孩子都寫一樣的題目？如果他對這個題目所涉及的題材沒有體驗、也不熟悉，怎麼辦？由教育官員出的大學升學考試題目，真讓人又好氣又好笑。一個題目是〈母親〉，難道那些孤兒們也非得寫這個題目嗎？一些孩子生下來後，就再也沒有看過自己的母親，難道這不是有點不公平嗎？另一個題目是〈我敬愛的人〉，許多孩子在這個年齡層根本就沒有什麼談得上敬愛的人，這不是非得要他們撒謊不可嗎？

雖然，我非常理解教育官員出這些題目的用心良苦，但這無疑是把寫作這種完全應該由學生自己做的事，變成了為教育官員或老師的願望而做的事。結果是，即使你是個寫作天才，如果碰上不熟悉的題目，也會被大學拒之於門外。

值得慶幸的是，這種蠢事，教育部再也不幹了。現在的題目，從題材到體裁，選擇的餘地都更大了。

除此之外，讓小史賓塞對寫作樂此不疲的是，我一直以來都鼓勵他寫自己想寫的，等他寫完後，我再對一些文法、修辭不恰當的地方加以指正。

快樂法則44　讓寫作無處不在

什麼是寫作？為什麼很多孩子一聽到這個詞就頭疼，而有些孩子卻把它當成一種樂趣？這裡面一定有某種祕密，發現了的就欣喜若狂，沒有發現的就一直困惑下去。

我認為做父母和老師的，應該從小就把這個祕密告訴孩子，就像告訴他們應該喝什麼泉水，吃什麼菌類一樣。

這個祕密是什麼呢？

其實，就是對什麼是寫作的回答。「寫」是記錄，「作」是創作。「寫」就是把思想、情感、思考、事件記錄在紙上，「作」就是使這種記錄有恰當的體裁、形式、文采。「寫」是求真，「作」是在真的基礎上求美，使所寫的東西具有感染力、說服力。

其實，寫作無處不在，要讓孩子從小就開始以各種方式來「寫」和「作」。

（一）摘記

在孩子學習了一些簡單的語彙之後，就應該給他準備摘記的本子，鼓勵他把平時聽到的有趣故事、夢想、奇遇、新聞，以及讀到的書，以簡單的方式記下來。有的可以抄錄，有的可以簡略的記一、兩句話。小史賓塞從六歲開始就寫摘記，到後來，他寫的摘記一本又一本，裡面的內容包羅萬象，簡直就像一個大百科知識庫。

摘記比起日記、週記來說更隨意，透過它，孩子可以很早就開始接觸社會、家庭、人生、自然界等等。

(二) 在牆上塗鴉

有些孩子對書本總會有些排斥，只要讓他在很正規的本子上寫字，他就不感興趣，相反的，在父母禁止的牆壁上，他卻常常即興揮毫。好吧，那就讓孩子在牆上塗鴉吧！最簡單的辦法是在牆上固定的一個地方，貼上許多張牛皮紙，然後在上面有一點小小的提示，比如：漫畫區、記事區、夢想區等等，讓他盡情去寫、去畫。

日子久了之後，父母會發現牆壁像有魔力一樣，是孩子們的小天地。

(三) 信

孩子希望收到信，有時，這種心情比成人還要迫切而隱祕，而要收到信唯一的辦法是先寄出信。鼓勵孩子寫信，也是一種必要的寫作練習。在英國，有很多牧師、神父和一些童話作家，他們經常以通信的方式與陌生的孩子交流，這對孩子來說，是一件有益的事情。

長期以來，我也經常給一些孩子和他們的父母回信。每天下午四點到六點，一定是我給孩子們回信的時間。

（四）日記

這種有點古老的方式，對所有人都不過時。小到小學生，大到一些傑出的人物，都喜歡以這種方式記錄自己的生活、思想和情感。

只是孩子們用的日記本一定要與眾不同。我給小史賓塞設計的日記本，後來被一位商人看中，他大量生產這種特別適合孩子的日記本。不久後開始流行起來，這就是「史賓塞日記本」。

（五）故事本子

這是一種有點神奇的本子，一定要硬面的、有插圖的。孩子們都喜歡說故事、聽故事，這種本子就是鼓勵他們把聽到的寫下來，比如：家庭的故事、家族的歷史等，此外，也要鼓勵他們自己創作故事。到七、八歲時，孩子會有一種願望，就是把自己寫的或記下來的故事，給其他的小朋友看。

在我的倡導下，德比小鎮每年舉辦一次說故事比賽，非常有趣，後來固定成為孩子們課餘的一項重要活動。每到這一天，也就是感恩節的前一天，父母們總是把自己和孩子穿戴得整整齊齊，興高采烈的帶著自己的故事本子來參加比賽。

（六）續寫指導

雖然這看起來有點笨拙，但也非常有效。對一些比較廣泛的題目，由老師或父母先寫開頭，再讓孩子在每段提示下完整寫完，當然，這些「提示」最好輕鬆、有趣一些。在英國，許多學校接受了這種方法，甚至開設了一種寫作練習，就是續寫。

有一天，當你發現寫作對孩子來說，就像走路、奔跑、跳躍或散步一樣時，你就會知道，這項活動不僅可以開啟他們的心智，而且也會給他們帶來無窮的方便和樂趣。這時，寫作就不再是一件神祕的事，而只是充滿快樂的活動了。

也許人們會發現，我提倡孩子快樂寫作，就和提倡對孩子進行快樂教育一樣，都是立足於孩子的自然屬性。在我看來，沒有任何教育方法比順應孩子自然的次序、興趣，來得更有效果、更有益處。

第10章 運用有益的暗示在孩子的教育中

- 積極的暗示，特別是來自親人、朋友或老師的暗示，肯定會對孩子在心理和心智方面產生良好的影響。

- 只有愛、無私的愛，才能真正發現對孩子有益、有用的暗示，這是和所有科學不同的。它有時是發現孩子在某方面的潛能，有時是對他性格中優秀成分的敏銳捕捉，有時是對他智力的真誠讚美。

- 孩子從幼兒到少年這段期間，暗示，就像點燃他們生命和智慧的火把，它可以把平淡的生活照亮，把無目的的漫遊變成有理想的行動。

快樂法則45 偉大祖母的暗示

對於「暗示」在孩子智力開發中的作用，我一直拿不定主意，不確定是否應該把它告訴其他的父母和老師，因為長期以來，人們總習慣把「暗示」的方法和理論，歸入催眠術或心理治療之類的範疇，但做為一個教育研究者和觀察實踐者，我又不願意隱瞞這一點，這樣做是不符合我的內心法則的。我認為，「暗示」這種方法，是一種複雜的、與愛和本能密切聯繫的早期教育的一部分。

我的祖母、我的母親，以及我和小史賓塞之間，就是這一方法最直接的素材。我的祖母幾乎完全是一個生活在祖父陰影下的女性，她從不提任何建議，一直默不出聲，但她有一點對我父親和我有著非常大的影響，我把它稱為「祖母的暗示」。

幾乎是從我父親和我一生下來，她就不斷發現許多我們身上一些特別的東西，並總是以自豪的、不加掩飾的、讚賞的語氣說出來。比如：「這孩子太不平常了，他總是目不轉睛的看著一樣東西。」「看，我們的孩子多麼旺盛精力，手腳總是動個不停。」「他天生愛乾淨，只要有一點點沒有給他洗乾淨，他就會哭。」「唉呀，這孩子哭起來像打雷一樣，太神奇了！」等等，所有孩子都會有的表現（當然，這是我後來才知道的），祖母也會本能的把它描述成自己孩子不凡的稟賦，當她年紀大一些的時候，她甚至會把這些表現與神祕的世界聯繫起來。她的這種暗示，由於完全出自本能和愛（也許

在她看來，自己的孩子真的是這樣），所以，這種稱讚本身就毫無誇張和虛飾，讓孩子真的以為自己一定是出色的。

無獨有偶，我的母親也是這樣。她常常會說：「看，這孩子，手腳動個不停，像在紡線一樣。」「這孩子真不簡單啊！吃這麼苦的藥，他居然一聲也不吭。」「唉呀！這孩子力氣真大呀，這麼重的東西，他都拿得起來。」結果，這種暗示完全被孩子接受了，他真的覺得自己表現很出色。

當然，她們的另一個特點也同樣一致，那就是對孩子不道德的行為。她們會發雷霆之怒，會結結實實的把犯錯的孩子痛打一頓。也許是她們從根本上給了孩子過高的暗示，這種痛打，不但一點也不會傷害孩子的自信心，有時反而使他更強。

後來我才發現，這類女性是極具教育天賦的，她們幾乎是本能的把一種積極的暗示，不斷的、自然的傳遞給孩子，同時又不失威嚴。事實上，就我所觀察到的事例來看，他們的孩子後來都無一例外的具有一些優秀、突出的品行，即使他們失敗了，但總會爬起來，重新開始。

相反的，我也常常看到另一種暗示，那是一種來自父母，對孩子消極而有害的暗示。他們常常會語氣低沉的說：「我的孩子的確笨一些。」「我的孩子怎麼能和你的孩子相比呢？」「唉，笨就笨吧，這是他的命……。」世界上沒有任何話比這更傷孩子的心了（連命運都給孩子斷定了），特別是這話是從自己父母的口中說出。

結果可想而知，他們的孩子有的過早失去了對自己在學習方面的信心，有的則會產生一種強烈的叛逆，和對環境的仇視情緒，隨著年齡的增大，他們能體會到自己身體上的力量——儘管它曾遭到否定。

快樂法則46 積極的暗示帶來積極的效果

積極的暗示，特別是來自親人、朋友或老師的暗示，肯定會對孩子在心理和心智方面產生良好的影響。

這一觀點得到了我的朋友，愛丁堡大學教育心理學馬丁教授的證實。他把一群孩子隨機分成兩組，然後告訴老師：「A組是優等組，在智力、意志、品行和專長上明顯較好；B組則相反。」老師收到訊息後，各自開始了相同課程的教學，一個學期後，A組的成績和各項評鑑上真的優於B組。最後，當他把這一實驗的意圖和真相告訴學生和老師時，他們簡直不敢相信這是真的。後來，又經過幾組實驗，同樣也得到了證明。

我發現暗示作用對孩子來說，越早期越深遠；暗示者與孩子的關係越親密，作用越明顯。有時，我會由此思考到宿命這個概念（本來我並不願意這麼想），那就是母親對孩子的暗示如果總是消極的，它的結果一定也會是悲劇性的。這是否應驗了「親人的詛咒會帶來災難」這一古老的諺語呢？

有趣的是，一般的暗示，和包含豐富、真摯的愛的情感暗示，作用是不一樣的，這也是教育與其他領域的區別。比如一個經常受到理智誇獎的孩子，他也可能因為這種誇獎太頻繁而產生反感，特別是當這些誇獎有些虛偽時，有的孩子會產生過大的壓力，使他不希望得到這種誇獎。相反的，包含著愛的積極暗示，它總是顯得真實可信，並且也沒有明顯的功利目的，這樣的暗示就像血液和心靈印記一樣，深入而持久。

另一項來自馬丁教授的調查也表示：幾乎百分之九十在品行、意志和智力方面有傑出表現的人，在童年或少年時期，都受過來自親人的積極暗示，最多的來自母親，有的則來自父親、祖母、祖父等等。

既然如此，我們可以把積極的暗示，視為一種對人類教育非常有益的遺傳訊息，而不再把暗示與巫術、心理治療等聯繫在一起（儘管在心理治療中也的確使用這一方法，並且有時很有效）。那麼，如何在孩子的早期教育中進行積極的暗示呢？

（一）這種暗示總是與真摯的愛與情感相聯繫

只有愛、無私的愛，才能真正發現對孩子有益、有用的暗示，這是和所有科學不同的。它有時是發現孩子在某方面的潛能，有時是對他性格中優秀成分的敏銳捕捉，有時是對他智力的真誠讚美。

（二）這種暗示並不是誇張、誇耀和掩飾缺點

來自親人的暗示，常常會有誇大和期望的成分，但是對孩子明顯的缺點也大加讚賞，則會養成孩子在品行上的壞習慣。不顧事實、一味好勝、缺乏對真理必要的謙卑這樣的暗示，與消極暗示所帶來的壞處一樣。

（三）這種暗示總會引起孩子身心的愉悅

快樂法則47 讓孩子學會快樂的自我暗示

愛默生說：「一個人，就是他整天想到的東西。」馬可・奧略留說：「一個人的生活，就是他想成為的樣子。」威廉・詹姆斯也說：「我們最大的發現就是，透過改變頭腦的觀念，我們可以改變生活。」

對孩子來說尤其如此。如果一個孩子一再懷疑自己的記憶力，他就真的什麼也記不住；同樣的，如果一個人成天擔心自己變老，他也一定會很快變老。

事情真的就是如此神奇！讓一個孩子每天重複說：「我恨自己，我真的恨自己」「為什麼我老是出錯」。結果，他幾乎無法做對任何一件事，這就是自我暗示的作用。

有一天，小史賓塞突然問我：「我們家的人是不是都有神經衰弱的毛病？」我大吃

一驚。原來，他看了一本書，書裡談到一個孩子如果太早懂得很多知識，他一定會患上神經衰弱的毛病，於是，「神經衰弱」這個詞，就一直停留在他的腦海裡，怎麼也無法忘記，他總把各種身體方面的異樣感覺，歸結到「神經衰弱」上面。

「神經衰弱」這種自我暗示，成了小史賓塞的一道心理障礙。我必須透過交談和其他方法，來排除他內心的障礙。我用的方法其實很簡單，我讓小史賓塞每天早晨起床就說：「我的身體和頭腦真是太好了。」「感激父母和上帝，他們給我的一切都如此完美。」開始，他只是小聲的說，後來我告訴他，不要猶豫，盡可能用你最大的聲音去說。一個多月以後，再也聽不到這兩句話了，因為小史賓塞的「神經衰弱」障礙已經完全消失。

當一些孩子出現類似的情況時，我：「這是一件很有意義的工作。」他把幾個寄住在教會的流浪孩子送到我這裡，希望我嘗試一些新的教育方法。接到他們的那天，我讓他們從一個只能伸進去一隻手的紙盒中抽一張卡片，卡片上只有兩句話，那就是他的幸運語。每天他必須重複這幾句話：「今天，我要快樂的跟每一個人打招呼。」「我很有信心，很有力量。」「我很快樂，我會成功。」「我的記憶力很好，我能記住一切。」……

由於是孩子們自己抽到的卡片，他們都很重視它。開始，他們很不習慣這樣說話，於是，我故意問他們的幸運語是什麼，並要求他們大聲回答。我深信只要一開始說，就

會產生有益的影響。

一週過去了，兩週過去了，孩子們的聲音越來越大，表現越來越有自信。本來因為天冷又下著雪，戶外活動很少，但禁不起他們的一再要求，我們還是經常在雪地裡活動。我們跑步到德文特河邊，一邊跑，一邊喊著：「我愛這個世界，我愛每一天。」引得鎮上的人都趴在窗戶上看。自我暗示的作用漸漸顯現，每個孩子的臉上，都開始出現了從未有過的興奮與活力。

我認為，孩子從幼兒到少年這段期間，暗示，就像點燃他們生命和智慧的火把，它可以把平淡的生活照亮，把無目的的漫遊變成有理想的行動。從暗示中，孩子可以隱約看見未來的曙光，一旦這樣，各種阻礙他們心智發展的不快樂陰影就會消失。

第11章 快樂的自然教育

- 沒有任何一個成功且具備良好品行的人，不是大自然這位導師的受益者。
- 就像從蘋果樹上採摘果實也需要付出勞力一樣，打開孩子心靈，通向大自然的窗戶，也需要父母的靈性和耐心。
- 父母不應該放過大自然更替變化中的每一個良辰美景，這些對孩子心性的最初成長，就像牛奶和麵包一樣有益。

快樂法則48 讓大自然開啟孩子的悟性

如果有一位這樣的老師：他可以培養孩子的美感，又可以啟發孩子的悟性；他既可以向孩子展示最偉大事物的規律，又可以使孩子的身體得到休息；他的課，白天、夜晚、晴天、雨天，無處不在，而他從不索取一點報酬，也從來不會厭倦；他對所有的孩子都一視同仁，公正、寬容；他有父親般的威嚴、理性、熱情、粗獷，又有母親般的柔情、感性、溫柔、細膩；他既是每一個孩子品行、性格的典範，又能讓每一個孩子的知性、感性得到昇華，人們是否願意把孩子交給他呢？

這個對每個人來說，都堪稱偉大的老師是誰呢？他，就是大自然。

來聽一下他的音樂課吧！隨著春天的到來，從遙遠的天際傳來轟隆隆的雷聲，他宏大的樂隊開始了生命序曲的演奏。這時，冬天過去，萬物復甦，那源源不斷的大地氣息，從南方海洋、島嶼，向北方的森林、原野、河流吹送，一陣又一陣。森林中，由無數葉片組成的合唱團，唱出了合聲；河流解凍後，發出嘩啦嘩啦的低唱；稻田裡，禾苗隨風搖擺發出的最細小聲音，也變得美妙無比；而無數雨滴在屋頂、樹梢、河面和空地上，跳著水晶般的舞蹈……。

這僅僅只是春天的序曲，接下來，是夏天的交響樂章。這一樂章表現的是萬物在走向成熟時，所展現的雄偉力量和巨大衝突。這時，氣流像從一萬個少年的胸腔發出，躍

躍欲試，那有力的軀體裡，既流動著日漸增長的力氣，又交織著振臂一呼、衝破一切阻礙的願望。雷聲的鼓點更響亮，雨水的舞姿更剛健，夏夜的抒情更深切而讓人難眠，雲破日出的追求也更熾烈。不倦的樂隊，會一直演奏到深秋，一直演奏到人們都在漸漸變涼的風中，開始思考。

秋天，是這位萬能音樂家最宏大的構思。河流開始放慢了節奏，生長的樹林和結果的果園，進入成熟前安靜的等待，萬頃稻禾也靜靜站在秋風中。生命的樂章變得莊嚴而飽滿，前進與停頓在此刻交融，期望和目標在此刻匯合，成長和思考在此時撞擊。只要放眼看一看那漫山遍野的樹林和田野，看一看那黃昏流金般的光影，每一個人都會感動得落淚。

然後是冬天，隨著無形指揮棒的揮動，全世界的聲音都戛然而止。靜啊，靜得讓人沉醉，靜得只有回憶的鐘擺在雪地上空擺動。人們收拾了工具，在清晨或黃昏，聆聽上帝的聲音……。

如此美妙的生命樂章，如此宏大而精確的大自然樂隊，它把所有生命的豐富，和整個世界、宇宙的簡單，都融進這盛大的音樂課中。

除此之外，他又是最傑出的色彩和造型大師，是深諳萬物規律的智者，是治療人類心靈的妙手仁醫。

就這樣，一年、兩年，我在德文特河岸的這個小鎮上，帶領著小史賓塞一遍又一遍

的聽著，從來不會厭倦。正是在大自然美妙的音樂課裡，小史賓塞的心靈和智慧，一天天的成長，使他既熱愛豐富多姿的生活，又鍾情於事物內部的因果聯繫；既懂得生命的節律，又獲得了生生不息的前進力。後來，他在回憶中把大自然稱作他「第二個偉大的老師」。

這些表面上看起來似乎和教育沒有什麼關係，但是在本質上，卻是任何教育的源頭。沒有任何一個成功且具備良好品行的人，不是大自然這位導師的受益者。

每個人的心裡，都存在著對大自然的記憶，這是歲月和人生變故都無法磨滅的。也許是倒映著兩岸燈火的鄉間河灣，也許是夕陽下開滿野花的山坡，也許是被雨水清洗得清澈如碧的星空，也許是一片飄著桔子花香的桔林。在這裡，幼小的心靈許下虔敬的願望，悲愴的心靈得到輕風的吹拂和安慰，夢想與壯志，也在這裡重新鼓動它們的羽翼。大自然，這位偉大而永遠可親的老師，是追趕浪子回頭的父親，是接納遊子回鄉的村莊，是引導求知人的智者，是伴隨一生幸福和富足的神聖祝福，是孩子的另一個父親和母親。

我滿含深情的、誠懇的希望，所有的父母為孩子打開這扇充滿靈性的窗戶。

我希望你們從他出生的那天起，就打定主意，制定一份計畫，把緊緊握著的孩子的手鬆開一隻，送到大自然這位老師的手裡。

快樂法則49　快樂的自然筆記

然而，就像從蘋果樹上採摘果實也需要付出勞力一樣，打開孩子心靈，通向大自然的窗戶，也需要父母的靈性和耐心。儘管在天性上，孩子是大自然的親近者，但並不是每個孩子都懂得去聆聽、觸摸、呼吸大自然的美與和諧。首先，這需要每位做父母理解大自然的話語，然後教孩子怎樣去看、去聽、去描摹。

從小史賓塞五歲時開始，我就教他如何作自然筆記。有時，他的辭彙明顯不夠用，他顯得焦急而無奈，這時我告訴他，除了語言文字，還有形象，你可以照自然本來的樣子畫。也許，他覺得「自然筆記」這個概念有些深奧，不能完全理解，他自己把它改成了「我的大自然朋友」。許多年後翻開一看，竟是圖文並茂，充滿了奇思妙想，有文字，有圖畫，有實物，如：一片蘋果樹的樹葉、一片野百合的花瓣、一顆蒲公英的種子……。

大自然開始了它無所不在的教育。後來，這成為伴隨小史賓塞一生的愛好。

我認為真正的自然教育是快樂的，正如發生在小史賓塞和其他孩子身上的一樣。孩子從具象和實物中得到的快樂，遠比抽象的更多。每一位父母如果懂得大自然這位和靄而親切的老師，並把他介紹給自己的孩子，對孩子一生的幸福絕對有幫助。

快樂法則50 從生活中開始孩子的自然教育

一個暴風雨夜的經歷，至今仍深深留在我和小史賓塞的腦海裡。

那是個夏天的夜晚，一整天的豔陽高照，使得空氣悶熱難耐。突然，一道閃電劃破夜空，雷聲從遙遠的天邊隆隆傳來，似乎顯得越來越憤怒。百葉窗簾咿咿作響，屋外的榆樹枝刮擦著屋檐，狂風夾雜著雨點，呼嘯著從窗戶縫鑽進，聲音如鬼哭狼嚎。

偶爾，一道閃電把房間照得像白晝一般。此時，我聽到小史賓塞害怕的驚叫聲，我趕緊跑到他的房間，只見他用床單蓋在頭上，渾身發抖。

我坐在他的床沿，用手輕輕拍著他，讓他慢慢安靜下來，然後對他說：「孩子，聽！暴風雨中有歌聲呢！你聽到了嗎？」

小史賓塞果然不再緊張，凝神聽了起來。一聲巨大的雷聲，又是一道閃電，「孩子，聽，那鼓聲敲響了！」一陣狂風吹起來，嗚嗚的直響，我又說：「暴風雨的樂隊裡，又多了一把大提琴。」

「不，不只一把，好像是很多把。」小史賓塞說。我輕輕撫摸著他的臉，心裡由衷的高興。

夜裡，暴風雨一直持續著，我們也一直在聆聽，直到風雨停歇，小史賓塞和我都進入了甜美的夢鄉。第二天早晨，小史賓塞起床後，第一件事就是告訴我：「我聽到了，多麼雄壯的音樂啊！」

從德文特河邊到鎮上，有一條羊腸小路，路兩邊長著一大片矢車菊。有一天，小史賓塞像發現了一件驚人的事一樣，指著小路兩邊長得又高又密的矢車菊說：「看呀，為什麼這兩排矢車菊長得這麼高，而且花朵又大又多？」小史賓塞為他的發現欣喜若狂，著急的問我為什麼。我告訴他，每天都有人提水從這裡經過，總會灑出一些水來，正是那每天一點一滴的水，使它們比其他矢車菊得到更多的滋潤啊！

小史賓塞恍然大悟，彎下身去看那還掛在矢車菊葉片上的小水滴。那專注的目光，讓我感動萬分，我知道，從這兩排矢車菊，小史賓塞已開始明白了愛的道理。

類似的故事還發生在茱莉身上。茱莉是一個有著長長捲髮的漂亮姑娘，遺憾的是，她的雙耳有些失聰，儘管還能聽到一些聲音，但她已漸漸對自己喪失了信心。秋天時，茱莉的母親把她交給了我。

這對我無疑是一個很大的挑戰。無論我講什麼，她都不能集中注意力，顯然她沉浸在自己的憂傷中不能自拔。放一段雄壯的音樂給她聽，開始會好一點，但接下來，她又魂不守舍了。

我決定試一試新的方法。我把聲音關掉，也把書本闔上，我說：「茱莉，我們不再用耳朵聽，讓我們用心來聽，聽大自然的聲音，也聽我們內心的聲音。」

我把窗戶打開，屋外是一小片濃密的榆樹林，樹葉在秋風的吹拂下輕輕顫動。一陣

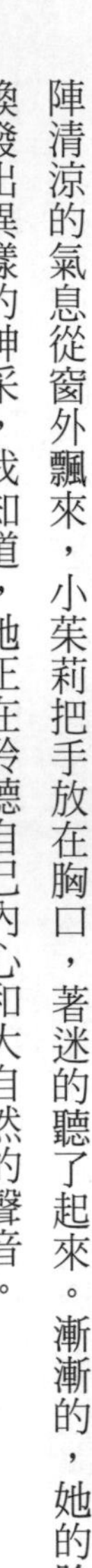
陣清涼的氣息從窗外飄來，小茱莉把手放在胸口，著迷的聽了起來。漸漸的，她的臉上煥發出異樣的神采，我知道，她正在聆聽自己內心和大自然的聲音。

兩個月後，茱莉回家了。一天，她母親激動的跑來告訴我：「史賓塞先生，你對茱莉做了什麼？她竟然能專心聽別人講話了，而且整天蹦蹦跳跳，比以前活潑多了。」

快樂法則51 給孩子一份自然教育的小計畫

許多有益的事，都開始於偶然，而最後變成了必然，轉變的關鍵在於是否把最初的善意變成一項可行的計畫。

比如，當人們偶爾嘗到櫻桃的美味，接下來，就把櫻桃樹苗栽種在庭院裡，然後澆水、修枝，直到櫻桃樹結滿果子；比如，人們發現運動對身體有好處，於是計畫每天散步、跑步、做體操的時間。

對孩子從小的自然教育也應該如此，好在這種教育的教具和課堂隨處可見，俯拾皆是。重要的是，把每次與大自然偶然的相遇，變成一份必然的計畫。

根據我對小史賓塞的自然教育，大致可以這樣安排計畫：

（一）零～三歲孩子的自然教育計畫

這個階段是孩子對世界產生最初印象的時候。他無法進行分類、定性，但可以完全的感受，也很容易把這種感受，與生命複雜的綜合、發育過程相聯繫。這個階段是確定孩子「根性」的好時機，應多帶孩子到郊外走走，多讓孩子感受夜晚的月光和星空、早晨的日出和露珠。環境的清濁、眼界的寬狹，也會影響他最初的性格。不要擔心孩子會本能的去玩耍，這是他幼小生命的天性，而他這時對大自然的感受，是模糊而強烈的。他幼小的肺會去呼吸，他澄澈的眼會去看。

父母不應該放過大自然更替變化中的每一個良辰美景，這些對孩子心性的最初成長，就像牛奶和麵包一樣有益。大自然天然的和諧與律動的節奏，有時連成人也會忽略，但孩子不會。所以，許多孩子不願待在家裡，總是想方設法的要求父母或保姆，把他帶到色彩和聲音更豐富、環境和空氣更好的地方。這時，他反而會從煩躁中安靜下來，從沉悶中興奮起來，因為孩子就像一個靈敏的測量計，可以測出什麼環境對他有利，什麼環境對他不利。

自然環境對孩子日後性格和心性的影響是顯而易見的，好環境使孩子性格溫柔而富有同情心和靈性，壞環境使孩子暴戾、易怒或沮喪，並缺乏信心。

（二）三～六歲孩子的自然教育計畫

這個階段的孩子對周圍世界開始有初步的分辨能力，開始注意自然界各種東西的功能及變化，這是自然環境對其性格、智力影響的第二個階段。孩子會把看見的、遇到的事物，存留在思維、記憶中，或深刻，或飄浮，或是使身心愉悅的，或是不愉快的。遺憾的是，這時他的判斷力是模糊的，他也可能把一種惡劣的環境，當作最初的「玩伴」而接受下來，從此染上一些在他看來是有趣的，而在成人看來是有害的習慣。

不管他的父母是貧窮還是富有，是空閒還是忙碌，大自然對孩子來說，都是公平的。這時，父母對孩子的自然教育應該有系統的開始，為孩子講述自然萬物的功能、特點、變化和相互關係。

（三）六～十二歲孩子的自然教育計畫

孩子在這個階段已經開始上學，從書本和課堂上都可以得到自然界的知識，同時他們也開始有了新的社會，如：同學、老師、班級，也面臨新的衝突，如：同學之間、師生之間、肯定和否定之間、好與差之間，此外，他們的意志也開始成長。這時，大自然除了充當一般求知物件外，也開始充當規律的導師、心情的調節者、暗示者的角色。

這個階段對求知來說，分析和對每種事物定性是必要的，但對美感來說，分析又是不利的，美和真的衝突，會在這個階段表現出來。有許多人，他也許是植物學家、動物

學家，但他對植物和動物的美感卻喪失了，而這種美感和神祕感，常常是啟發人的悟性、靈感的必要條件。

因此，這個階段除了讓孩子繼續記他的自然筆記之外，還應該教會他們兩點，一是學會從大自然中獲得啟示，二是與大自然進行交流。

史賓塞的快樂法則

◎給孩子製作一本不易破損的自然筆記本（名稱可以讓孩子取名）。
◎每週抽出一個晚上的時間，和孩子講自然界的某一事物的特點和變化。
◎每月帶孩子去附近的山川或河流、花園或田野，一起野餐。
◎和孩子一起收集大自然的石頭、種子、葉片……。
◎每年春天，一定讓孩子種下一棵寫有他名字的樹或植物。
◎把計畫保存下來，製成掛圖或表格。

快樂法則52 大自然是世界上最偉大的老師

熱愛大自然的孩子，不會變壞。

一個人的成就，可能會因為職業的選擇或其他原因而有大有小，但一個人的品行、性格和智慧，一定與所接受的自然教育有關。一個人在以後生活中是否感到幸福、快樂，也必然與自然有關。

這是因為大自然這位無處不在的老師，早已把關於生命的本質，關於事物的規律、法則等等，透過它的力量，時時刻刻向每個願意接受它恩賜的人展開。關鍵僅僅在於你是否有信心接近它，是否願意學習它，是否接受它的啟示。這種啟示，本身已包含了無窮的樂趣和益處。

人們常常把有價的東西當成是有價值的，而把無價的東西當成是沒有價值的。人們珍惜那些花錢買來的東西，比如：房屋、電器、汽車，而很少去珍惜那些不花錢就可以得到的，儘管它對人的身體和智慧有諸多益處，這就是大自然這位導師時常面臨的難題。然而，事情的真實情況卻是：房屋可能在一場大火中毀滅，汽車可能報廢，而從大自然中所獲得的愛的心性、智慧和品行，卻不會過時。

教育的方法和技術可能改變，但教育的法則卻從來不會改變，它存在於過去，也存在於漫長的未來。你看過生命的法則在改變嗎？沒有！你看過大自然的法則在改變嗎？

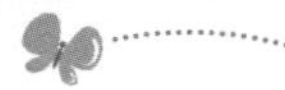

也沒有！同樣的，關於孩子的自然教育法則，也不會改變。對於每位父母來說，剩下的問題，就是相信它，並著手進行這一項有意義的計畫和行動。

史賓塞的快樂法則

◎定期和孩子一起去感受大自然：

一片星空，一輪明月，一片樹林，一道河彎。

◎每月選定一個自然日：和孩子一起在大自然中放鬆，不管考試成績如何，得到獎勵還是批評，僅僅和孩子一起放鬆，並告訴孩子——

我的頭放鬆了，
我的臉放鬆了，
我的脖子放鬆了，
我的手放鬆了，
我的腳也放鬆了，
我的呼吸放鬆了，
我的頭腦也放鬆了。

然後是：

我看見……

我聽到……

我感受到……

◎每月和孩子一起討論一個大自然的祕密：大自然的本質是平衡，它體現了世界上最偉大的規律。海洋和陸地的平衡，山巒與河流的平衡，春天與冬天的平衡，白天與夜晚的平衡，動與靜的平衡，根與葉的平衡，即使沒有受過多少教育的父母，也了解自然界的平衡關係，這種平衡是生命的規律。如果不知道，一定會很遺憾，但如果不願意知道，則是可悲的。

這樣的討論，可以從一片樹葉開始：為什麼它的葉脈是左右平衡？為什麼它的形狀也是平衡的？在大自然裡，很難找到一片不規則的葉子。這是大自然的真諦，可以培養孩子形成和諧、平衡的心理和思維。

第12章 培養孩子的道德、意志和品行

- 我們必須承認，教育的藝術，也就是兒童智力、身體和道德的正確教育方法，是非常重要的知識。

- 在孩子道德和品行教育中，應多採用自然懲罰的辦法，而盡量避免使用人為懲罰。

- 每個人都知道，當他傷害的是敵人時，他是不會感到痛苦和悔恨的，甚至會暗中高興；但當他傷害的是自己所愛的人，並明顯感受到對方的不快和反對時，他的內心是後悔的。

光陰荏苒，在德比小鎮的生活，平淡中充滿了樂趣。隨著小史賓塞一天天長大，面臨的教育問題也越來越多，許多問題已不完全屬於個人教育經驗，而屬於普遍的、全社會都應當認知的原理問題。另一方面，由於我在教育中一點小小的影響力，許多父母和老師，包括教育方面的一些學者和官員，也逐漸把我當作教育學者來對待，促使我在這方面花更多的心思和精力，而我也非常樂意這樣做。

對於孩子的道德、意志和品行方面的教育，我一直認為和開啟他們的智力同樣重要，許多情況下它們是相輔相成的。一個缺乏良好意志和品行訓練的孩子，即使他在某方面有很好的潛能，也很難有什麼成就；一個缺乏道德和倫理教育的孩子，有時你會發現，他的智力發展越高，對社會的危險性也越大。

在德比小鎮上發生的兩件事，促使我把一些平常在這方面的教育和思考，有系統的闡述出來。

卡爾．馬特家的獨生子不知道什麼原因，在一個晚上殺死了自己的父親，而當時小卡爾．馬特只有十四歲。他是趁父親熟睡的時候，用榔頭把父親殺死的。事後，據說他像什麼事也沒有發生一樣去了學校，當警察把他帶到警察局時，他很輕鬆的談了這件事，並說是因為父親經常打他。

另一件事是不遠的城裡發生的。一個叫拉莫爾的孩子，因為多次向他年邁的

祖母要錢遭拒，有一天，他竟搶走祖母所有的積蓄，然後把她活活掐死。

這些事件讓我心情沉重，很長時間無法輕鬆起來。當初，這些孩子的父親和祖母，一定想不到自己的孩子會這樣，而事情竟然毫無預兆的發生了。這究竟該去譴責孩子，還是他們的父母呢？

快樂法則53　教育的藝術——做父母的準備

科學的思維告訴我，如果有一條河的某一段出現汙染，魚兒成堆的浮起來死去，水生植物漸漸消失，那我們一定是從這條河的上游開始尋找原因。如果在這一條河岸上沒有發現，我們又會上溯另一條相連結的河。

關於孩子的現狀和目前教育的問題，我認為同樣應該用這一個方法。正在發生的事情，一定有其原因，而過去發生的事，一定有它的結果。

人們為了謀生，可以去做相當複雜的準備工作，但很少為了子女的教育去做一點準備。是不是這件工作非常容易，不需要準備呢？我想絕大多數的父母都不這樣認為，因為這是一件塑造人的工作，可說是所有工作中，最複雜的事情之一。

是不是這件工作只有在孩子誕生後，透過做父母的自我摸索才能完成呢？也不盡然。有的父母會摸索、學習，這是有價值的；但有的則是完全憑個人經驗、好惡來教

育，這樣成功培養孩子的機率，真是太小了。

那麼，我們就可以理解在教育中出現的種種問題、發生的種種不正常的事情了。由於缺少準備，兒童的管教，尤其是道德方面的管教，就糟得可怕。

無論從父母本身的幸福，還是孩子未來生活的幸福來看，我們必須承認，教育的藝術，也就是兒童智力、身體和道德的正確教育方法，是非常重要的知識。如果說能生兒育女是身體上成熟的標誌，那麼會教養子女，則是心智上成熟的標誌。

一個婦女為了學編織，可以走數十哩路或就著微弱的燈光向人請教，但一個母親卻很少因為要學習教育而花費時間、精力，向另一個人請教，這不是很奇怪嗎？許多父母受到「因材施教」、「每個孩子都有所不同」的觀念影響，把一些基本的原則和方法，也看成是不適當的。儘管在山區種馬鈴薯，和在平地的種法不一樣，但它們都需要土壤、水分和陽光，這些都是一樣的。

由於缺少準備，父母們不是從來不考慮這些問題，把教育一股腦的推給學校，就是憑興趣和衝動來進行教育，他們並沒有深思熟慮，也不明白怎樣做才對孩子有益。如果他們有一些方法，則大多是從過去流傳下來的，從自己童年的回憶中想起的，或是從老一輩那裡聽來的，但這些方法大多不是當時智慧的產物，而是當時愚昧的結果。

在教育上，我並不相信某些教條，例如「孩子們生來都是好的」，我寧願相信孩子都是有缺陷的，但這些缺陷是可以在後天的教育中加以彌補。

相較之下，對孩子的道德、意志和品行的培養，比智力培養要難一些，這是一項需要長期反覆、慢慢啟迪的工作。儘管這樣，但仍然有規則可循。

快樂法則54　自然懲罰——讓孩子承擔行為的後果

我認為在孩子道德和品行教育中，應多採用自然懲罰的辦法，而盡量避免使用人為懲罰。

如何區分自然懲罰和人為懲罰呢？前者是依據等值、等同的原則，對一種錯誤行為的回應，目的是讓孩子在這種回應的經歷中，增加這方面不可替代的經驗。後者是由父母或老師根據孩子的錯誤行為，由人為決定的懲罰回應。從下面幾個例子，可以進一步了解二者的區別。

幾乎每個有幼兒的家庭，都經常發生以下「弄得一團糟」的情形。孩子把一盒玩具拿出來，丟得滿地都是；或早晨出去散步，回來後把摘回來的花，丟得滿屋子都是；或給布娃娃做衣裳，扔下碎布、剪刀就不管了。那麼，這時誰要來收拾殘局呢？通常是由他人或父母。自然懲罰的原則，則是讓孩子自己去收拾，並告訴他如果不這樣的話，下一次就得不到這些玩具，或不許再去散步。顯然，這是一個自然的後果，沒有擴大，也沒有縮小，孩子自己也會認同。如果堅持這樣做下去，孩子也會改掉這個毛病。此外，還可以讓孩子明白，任何快樂都需要付出勞力才能得來。

再舉一個例子。不久前，我聽說一個叫康思坦絲的小女孩，她因為動作慢而受責罵，她總是在團體活動時讓別人等她。如果採用自然懲罰的方法，則是遲到了就不再等她，讓她在家裡待上一、兩次。人為的懲罰，則是責罵一番，然後繼續等。前者給了她經驗，後者則除了讓她當時有點緊張外，什麼也沒得到。

如果一個小男孩把鉛筆、刀片或書包等文具用品弄丟了，自然的懲罰就是先讓他感到不方便，然後用他的零用錢去買，或讓他幫忙做家事來換取。人為的懲罰是責罵一頓，甚至體罰一次，但馬上又買新的給他。前者讓孩子明白擁有鉛筆、刀片或書包，都要付出金錢或勞力，讓他透過自己付出的代價，來懂得珍惜和不浪費。後者則除了父母憤怒一番，孩子大哭一場，什麼也沒有教給他。

如果一個做哥哥的把妹妹的手弄傷了，自然的懲罰是讓他承擔妹妹治療的費用，沒有錢就扣掉零用錢，或賣掉幾件他的玩具，同時，取消兩次他與妹妹都可以享受的娛樂或消費。

如果一個孩子拿別人的東西回家，做父母的要弄清楚是否經過他人的同意，如果沒有，則要和孩子一起送回去，嚴重的，應該和孩子一同受罰。相反的，如果把孩子從別人那裡拿回的東西留下來，也就留下了孩子的壞習慣。

一個成長中的男孩隨著力氣的增加，常常會做出一些暴力行為，自然懲罰的方法是

讓他自己承擔經濟和道義上的後果。比如，一個孩子如果打了自己的祖母，那麼除了承擔醫治祖母所需的費用外，還必須承受家庭成員嚴厲的批評、指責，並要求他用愛的方式使祖母諒解。

一個孩子如果辱罵了另一個孩子，則必須要求他道歉；如果是在同一個班上經常發生這種事，則必須要求這個孩子在更多人的面前道歉，並說明理由。嚴重的情況下，則需要以假設和演戲的方式，讓他也受到辱罵，然後，請他談談這時的感受，以啟發他的同理心。

快樂法則55　避免人為和放大的懲罰

我認為在道德管教方面，主要具有價值的，並不是體驗家長的要求或斥責，而是體驗那些在沒有家長意見干預下，他自己行為的後果。真正具有教育意義和有益健康的後果，並不是家長以自詡為自然代理人的方式所給予，而是自然本身所給予，或以自然的方式給予。

自然懲罰也不完全排除父母或老師的正常反應，包括：故意冷淡，有原因的不滿足孩子的願望，取消他一些娛樂或消費的權利等等。總之，是父母或老師以某種態度，明確表示對孩子某種錯誤行為的不滿，或者堅決的讓孩子對自己的錯誤行為承擔後果。

所以，重要的不是排除人為的反應，而是避免放大的人為懲罰。體罰，就是人為懲罰的極端表現。我認為體罰要慎用，並且所有的父母都應該明白，它絕不應該成為主要的教育手段，也絕不是單憑這就可以使孩子成材。

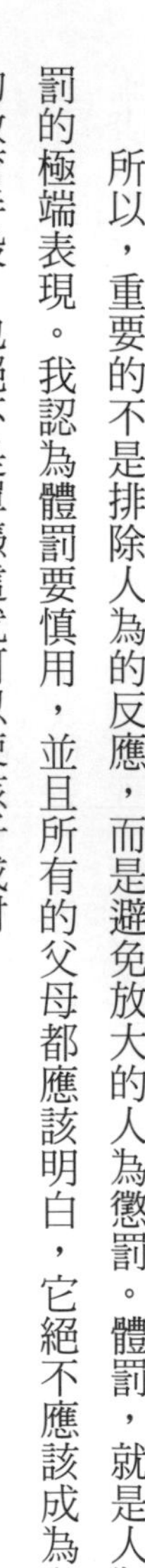

史賓塞的快樂法則

◎在孩子的智力培養方面，無論是什麼原因，都不應該使用體罰，因為它已被所有的事實和研究證明是無益而有害的。

◎只有當孩子在道德、倫理或品行上出現重大過失時，才可以謹慎的使用體罰。而且教育者在決定對孩子施予體罰時，一定要明確告訴自己和孩子，教育者也是有責任的，也應該公開採取一些自罰的行為。

◎必須冷靜區分哪些對孩子的懲罰是出於自己憤怒情緒的發洩，哪些是真正為了教育孩子，以及是否還有其他方式可以達到目的。

◎如果自己從來沒有告訴孩子一些道德原則，比如：敬老愛幼、尊重他人、基本倫理等等，那麼當孩子出現這種過失行為時，所給予的懲罰應該減輕。

◎人為懲罰的程度以不對孩子身心構成極大傷害為原則，並應在之後及時給與愛撫、安慰和分析。

◎頻繁的懲罰會影響親子的關係，有導致反叛、厭惡、恐懼等影響的可能。

◎允許孩子申辯，以弄清楚行為的真正動機和原因。

◎由於人為懲罰完全是一個強者對另一個弱者所施加的行為，一定要注意不可傷害孩子的尊嚴。

快樂法則56　自然懲罰比人為懲罰更有效

自然懲罰的方式，有利於產生正確的因果觀念。

經過多次的、一貫的經歷，這種觀念最後會達到準確和完整。該做什麼，不該做什麼？會有什麼後果？孩子會從經驗中做出判斷，理解行動和它造成的結果，這會比僅僅依靠權威而得來的判斷可信得多。

當一個孩子體驗了缺乏條理引起的麻煩（給他自己帶來的麻煩），比如：拖拖拉拉使他得不到滿足、粗心大意使他沒有了心愛的東西，他就不只能深刻感受到後果，還能明白因果關係。在這種情況下，人為的懲罰只讓他看到他並不關心的後果，而失掉了關於好壞行為的根本教育。

自然懲罰的另一個好處在於它是完全公正的。

每個兒童都能理解和認知，當他在受到自然懲罰時比較不會感到委屈；而受到人為懲罰時，則多少會有委屈感，因為，人為懲罰常常被放大。一個不愛護衣服，總是把衣服弄破、弄髒的孩子，按自然懲罰的原則，只是讓他嘗洗衣、縫衣的苦頭，以及因為衣服髒破而無法參加旅行、做客的苦頭。孩子一般會把這些苦頭的原因，歸結到自己的粗心大意上；相反的，如果遭受責罵、體罰，他則會認為不公平。

自然懲罰的方法可以使父母和孩子都不易憤怒。

我們看不到任何心情愉快的責罵和體罰孩子的人，也找不到任何愉快的接受憤怒指責的孩子，因為人為的懲罰，會使雙方都心緒大亂。

在自然懲罰的辦法下，親子關係因為比較親切、理性，而聯繫得更緊密。不論父母或孩子，為了任何原因發怒都是有害的，因為父母在樹立威嚴的同時損害了同情，而同情是管教孩子所必需的。家長如果經常打罵兒童，勢必使親子之間產生隔閡，兒童的孤獨或怨恨，也會使家長對他的喜愛減少。

我們非常清楚，如果親子之間心靈和愛的聯繫中斷了，教育也就隨之無效了。

快樂法則57 如何教育「有嚴重過失」的孩子？

儘管我詳細的闡明了在培養孩子道德方面的「自然懲罰」原理，但仍然會遇到這樣的問題。

「對更嚴重的錯誤行為怎麼辦？」「發生偷竊行為怎麼辦？」「經常說謊怎麼辦？」「欺侮其他更小的孩子或弟弟、妹妹怎麼辦？」「有暴力傾向怎麼辦？」

的確，有的孩子會出現這類問題，甚至用一般的教育方法都不能解決。面對這樣的孩子，每位父母都會既痛心又無奈。

首先，我們要分析這種行為的原因。這種行為在一般的家庭較少出現，也不會那麼嚴重，許多兒童的嚴重過失，是因為父母管教不當所引起的。父母的管教不當，使他們長期感覺煩躁，經常的人為懲罰，引起長期的孤獨和對立、同情心麻木。家中的兒童如果互相虐待，則反映出他們從大人那裡受到了虐待，一部分是直接的模仿，一部分是由於受到責罵就脾氣乖張，想藉機報復。毫無疑問，如果用自然懲罰的方式，就可以避免他們因衝動而犯下更嚴重的錯誤。

人性中有一條規則：人們得不到較高的滿足，就會去找較低的滿足；沒有同情中的樂趣，就會去找自私的樂趣。

其次，我們要認識到，即使在完美的教育中，這種情況也偶爾會發生。當這種情況

發生時，仍然可以用自然懲罰的方法去管教。

再者，應該盡量營造一個文明、民主的家庭氣氛，努力使愛的力量顯現出來。每個人都知道，當他傷害的是敵人時，他是不會感到痛苦和悔恨的，甚至會暗中高興；但當他傷害的是自己所愛的人，並明顯感受到對方的不快和反對時，他的內心是後悔的。畢竟，父母對子女有日積月累的情感，越是這樣，就越有影響力。

當然，對待這樣的孩子，所花的精力和愛心會很多，但從拯救一個孩子，和承擔父母以往行為的責任來說，這是值得的，也應該去做。

快樂法則58 壞環境毀掉孩子，好環境成就孩子

在道德、意志和品行方面，孩子是極容易受外在環境影響的，壞的影響毀掉一個孩子，比好的影響成就一個孩子要容易得多；同樣的，文明的家庭對孩子的影響，和粗野的家庭對孩子的影響，也會產生不同的結果。

孩子天生愛模仿，即使一開始是他反對的事，但接觸多了以後，也會漸漸麻木，並染上惡習。

應該注意哪些壞的影響呢？

（一）讓孩子遠離殘忍的環境

人類在道德上最大的美德，就是對生命的同情。孩子天生就喜愛動物，但如果他經常看到屠殺動物的過程，就會漸漸變得麻木，如果周圍有人把這當作是合理的事和勇敢的行為，則會讓孩子去仿效。儘管很多時候人們不得不屠宰動物以獲取食物，但如果讓孩子經常看到這個過程，對他一定會有不良的影響，因為這時他還沒有足夠的知識去辨別和分析。如果一個孩子的同情心被環境所磨滅，這無疑是當一個人最悲哀的事。

這與在山裡狩獵是不一樣的，因為山裡的獵戶只有靠此才能生存，這一點，從小就可以對孩子進行教育。我們無法向全社會去倡導，或透過立法來反對屠殺動物，但至少可以讓孩子遠離這種環境。

（二）讓孩子遠離不好的環境

無論過去還是現在，社會上有些現象已經存在很久，但絕不是指孩子也應該習以為常。比如一些色情場所、一些家庭的不道德行為等等。明智的父母都應該讓孩子遠離。

（三）應該讓孩子明白哪些是不值得仿效的

每個孩子面對的社會，和家庭、家族的環境都不一樣，有的孩子由於家庭教育的原因已經染上惡習，父母應該讓自己的孩子與他們保持距離。雖然我們不應該歧視那些孩子，但由於孩子太小，缺乏足夠的認識和判斷能力，有可能因此染上同樣的惡習。

（四）家庭是孩子模仿的場所

由於孩子大部分的時間是在家庭中度過的，家庭環境，包括父母的言行舉止，對孩子的影響非常大。

有的家庭儘管清貧，地處僻遠，但和睦的氣氛和純樸的家人，反而使孩子養成良好的道德、倫理觀念。我們看到許多卓越的人才都來自貧困的山區。

有的家庭充滿矛盾、衝突、鬥爭，自私、虛偽、狡詐的惡行，孩子自然會受到影響。如果他看了大量啟發智慧和指導德行的書，或遇上一個好的導師，他會拋棄這種環境；但大多數的孩子卻漸漸沉淪。

所有的教育學家都認為，子女的道德和品行受父母影響很大，倒不是遺傳的原因，而是因為潛移默化。

所以我們也發現，許多身處惡劣環境的孩子，由於寄讀等原因離開家庭後，如果學校風氣較好，老師中又有一些品德良好的人，他就會成長為與本來惡劣家庭完全不同的高尚的人。

快樂法則59 父母、老師是最好的榜樣

父母的每一點善良、寬容、積極樂觀、同情心、公正、民主的德行，以及整潔、勤

勞、節儉的習慣，都會從孩子身上反映出來，這些美好的德行和習慣無論多麼微小，都會像星光一樣永遠留在孩子的記憶裡，不僅影響父母自己的人生，也造就孩子的人生。它既是現在，也是未來家庭中最寶貴的財富。

什麼是教育？這就是最偉大，也最有效的教育。

關於父母、老師在孩子道德、意志和品行培養中的巨大作用，無論怎樣描述都不過分，好的和壞的都同樣如此。

有一句名言：「教育孩子，從教育父母開始。」這句話再中肯不過了。

我看過太多的例子，簡直就是一部部生動的教材。那些樂於請教，經常到教堂禱告、聽布道，且平靜、快樂的人，他們的孩子由於受到良好的影響，變得有教養、有智慧；而那些拒絕學習，或整天為生意、農場、店鋪忙碌而忽略孩子的人，他們的子女儘管有較好的家境，卻往往缺少良好的道德和品行訓練。當然，那些貧困而又從來不肯學習的家庭，父親酗酒，母親忙於搬弄是非，他們的孩子則幾乎完全脫離了教育，要期望在這樣的父母的影響下，培養孩子良好的道德品行，是很困難的。如果他們的孩子夠幸運，或許會遇到一位富於愛心和同情心，又有教育智慧的老師，把他從惡劣的家庭環境中拯救出來。

在道德和品行上，孩子很容易受父母和老師的影響。一方面是由於孩子愛模仿的天性（這是他感知世界的基本方式），另一方面則是由於他的行為很自然會得到來自父母或老師的評價，而這種評價大多是依據父母或老師的道德標準做出的，如果這種評價是一把刻度錯誤的尺，有時孩子做了正確的事，但得到的是錯誤的評價，下次他很自然就會去做錯誤的事了。

既然我們相信每一件事的產生都有原因，每一個原因都會產生相應的結果，那麼孩子的道德、品行受父母的影響，就是很自然的事了。

一個虐待自己父母的人，不可能希望自己的孩子有多麼愛戴自己；相反的，大多數的情況下，他們會在年老體衰時，受到相同的待遇。

一個自私的人，不可能希望自己的孩子具有助人為樂的美德；相反的，他們也會同樣自私。

一個懶惰、遊手好閒的人，也不可能希望他們的孩子有多麼勤勞；相反的，他們可能會更加懶惰。

一個惡行昭彰的人，如果要期望孩子有美好的德行，簡直比在惡石上種出稻穀還要困難。當然，這也不是絕對的，因為孩子除了受父母的影響外，他還會受到書本和其他人的影響，隨著他們自我教育能力的增長，也隨著他們心智中來自善和美的引導，他們會逐漸形成自己的判斷能力，從而抵禦這種影響。

我們來看看另一些父母是如何影響他們的孩子。

他們救助那些比自己弱小的人，他們的孩子也會這樣去做，並視為榮譽。

他們勇於承擔責任，率直、坦誠，他們的孩子就很難撒謊。

他們用愛包圍孩子，他們的孩子就會用愛去對待別人。

他們善於諒解，他們的孩子就學會了寬容。

他們經常對生活中細小的善行充滿感激，他們的孩子就會對生活滿懷欣慰。

他們勇敢地面對生活中各種失敗、不幸，他們的孩子也會同樣頑強地去生活。

他們的言辭，充滿進取的意志，他們的孩子也會受到振奮……。

他們對各種事物都表現出極大的耐心，他們的孩子也會一點一滴地去吸取。

事實上，這種父母和老師所表現出的力量，會感召著孩子走到真理的身邊。

快樂法則60　告訴孩子應該怎麼做，並記錄下來

儘管孩子認知世界是從具體到抽象，從簡單到複雜，但我仍認為在道德和品行方面，需要採取明確告知的方式。你和所有愛他的人究竟希望他怎麼做？一旦他做了，你是否會把它記錄下來，給予精神和物質上的獎勵？

一次，小史賓塞向我提出一個問題：「我希望成為一個有教養的人，一個大家都尊重和喜愛的人，但你平時說得太多，我不知道該做哪些？」

這個問題恰好是我正在思考的，關於父母如何讓孩子明白道德品行的標準。於是我準備了一本筆記本，把他所做的好事一一記下來，每一次當他翻看這個本子時，從他激動和愉悅的臉上，我看到他的自信心正在增長。

我寫下一些文字，並把它貼在小史賓塞的臥室裡：

我希望我的孩子具有同情心，對別人的痛苦要同情和安慰。

我希望我的孩子尊重別人的工作和財物。

我希望我的孩子能自己管束自己。

我希望我的孩子懂得感激，並回報別人。

我希望我的孩子勤勞，並勇敢面對各種問題。

我希望我的孩子每天快樂的學習和玩耍。

我希望我的孩子有計畫的養成堅持做一件事的習慣。

開始時，小史賓塞並不能完全理解，但在生活中遇到相似的事情時，我就結合起來向他講解，後來，他完全能夠理解了。值得注意的是，對他犯的錯誤，我不去對照這些文字來教訓他；相反的，凡是他做了一點點類似的好事時，我則對照著讚揚他。這樣做是為了讓他對這些文字一直保持好感，並希望他累積更多。

那本記錄他好行為的筆記本，一直保存到現在，使他體會到我對他的尊重，也讓他感受到一個心靈一直在默默陪伴他。

經常讓孩子感受到父母在精神上，而不僅僅在物質上關注他，他會逐漸注意心靈的成長。

愛是什麼？就是你為孩子在物質和精神上所做的一切。

我常告訴小史賓塞，人的善行會得到上帝的嘉獎。來看看記錄他好行為的筆記本：

八月一日，小史賓塞在屋後的花園裡，發現一隻餓得走不動的貓，又瘦又可憐，小史賓塞從家裡拿出一塊排骨餵牠，牠喵喵的發出感激的叫聲。

八月四日，小史塞賓說，今天他阻止了幾個小朋友用水去灌螞蟻窩。他說，螞蟻也是生命，也有爸爸、媽媽，假如有一天其他人用水來淹我們家，那不是一樣可憐嗎？

九月十日，小史賓塞今天在學校被一個大個子同學打了，他很傷心。但當有人告訴他，用石頭去砸那孩子的頭時，小史賓塞沒有這樣做，他說，萬一我把他打死了怎麼辦。可愛的小史賓塞不是沒有勇氣，而是對人存有愛心。我太感動了，相信上帝聽到了也會微笑的。

十月七日，今天晚上雨下得很大，我們從鎮上回家時，看見一個年邁的乞丐躺在鐵器鋪的屋簷下，可能是生病了。回家後，小史賓塞堅持要再出去送麵包和衣服給他。真沒想到我可愛的孩子，小小的身體內竟然有如此巨大的善良力量，即使風雨也無法阻擋啊！

主啊，感激祢賜給我小史賓塞。

十月二十日，小史賓塞開始存錢了，這真是一件了不起的事。如果他懂得學習和善行也像存錢一樣，每天只要堅持做一點點，一個禮拜、一個月、一年下來，就會存下很多很多……

每過一段時間，小史賓塞都會要求我把筆記本念給他聽，他認識很多字後，就開始自己看。也許他沒有想到，平時自己做的一點點好事，都會被記錄下來，原來，這些行為竟是自己做的！這種喜悅和鼓勵比得到其他獎賞，都讓他高興。

我認為一個人可能會很有力氣、身體健壯，也可能會很有知識、學識豐富，但是在生活中，真正促使他們克服困難，完成偉大而有益的事情，則是良好的品行。

後來，小史賓塞真的成為一個品德高尚、有目標、有理想，並快樂的去付諸實踐的人。這是上帝對我的獎賞，是我一生中感到最幸福而快樂的事。

相信每位做父母的都知道，培養孩子良好的道德和品行需要花費心思、付出勞力，即使這樣，仍會面臨孩子的許多反覆、變化，有時會讓你很失望，有時會失去耐心，有時甚至會憤怒。

但是，回過頭來想一想，我們在生活中，有哪一件事不是需要長期的耐心、努力，才能成功的呢？

面向上帝的事，總是難的，而面向放縱和墮落的事，總是容易的。直到有一天，當我們發現面向上帝的事，是充滿快樂、使人內心安寧的時候，我們就真的懂得生命的祕密。

快樂法則61　不要期望孩子有太多的美德

我認為不要太期望孩子天生就具備大量的美德。

一般的觀點認為孩子是「天真無邪的」，從孩子的本性來看，這是對的，但從孩子的衝動來看，這是值得懷疑的。有人做過實驗，把一群孩子完全不加指導的放在一個環境裡，時間一長，他們便開始像成人一樣廝殺、競爭。

給孩子一個善良行為的標準是必要的；在日常生活中，逐漸增加影響力和透過自然懲罰的方式去教育，也是必要的。但不要太急於求成，美好的道德品行總是隨著孩子的心智、經驗，以及心理的成長，慢慢形成，智力和道德的早熟，都存在有害的一面，不全然是好處。有些童年便被稱為模範生的孩子，後來反而變壞，而一些能為人表率的人，卻往往是從看似平常的孩子中產生的。

我認為任何高尚的德行，更應以相應的智力、體力、經驗和心理做支撐，這是最好不過的了。否則孩子會在以後的生活中，僅有美好的願望而無實施的能力。

如果明白高尚的道德和高度的智慧一樣，都要經過緩慢的成長過程才能達到，父母就會比較有耐心的對待孩子經常表現出的缺點，比較不容易責罵、恐嚇孩子。

想要有效執行理智和文明的教育，你就必須準備做一些心智努力：要鑽研，要機智，要忍耐，要懂得自制。

你要經常思考某種行為如果是成人做的，會有什麼結果；要分析兒童行為的動機，分辨哪一些是真正好的行為，哪一些是由衝動引起的行為；還必須隨時警惕，把不好也不壞的行為都看成過失，或是了解兒童的情緒出了什麼問題。

你必須改變你的方法，去適合每個孩子的性情，必須在孩子的性情進入新階段時，做更多的修正。在堅持一個似乎沒什麼效果的做法中，要具備高度的信心，尤其是遇到過去處理不當的孩子時，你必須長期考驗自己的耐心，才能夠得到成效。你不但要經常分析孩子們的動機，還要分析自己的動機，分清楚哪些想法是出自於做父母的真正關懷，哪些是出自於自私、好面子、情緒的衝動。總之，在教育孩子的同時，要教育自己。在心智方面，你必須學好那門最複雜的學科——那就是在你的孩子、你自己和社會中，所表現的人性和它的規律；在道德方面，你必須經常發揮你高尚的情感，而控制那些較低劣的情感。

快樂法則62　不要把孩子當作道德的楷模

我從來不希望小史賓塞成為道德的楷模，儘管我一直很注重對他的道德教育。因為對一個孩子來說，成為道德楷模很可能會造成他虛假的人格，而且我也認為，孩子是不應該成為楷模的，因為他自身的可塑性還很大。

任何做為楷模的東西，無一例外的會得到很多榮譽、關注，甚至不切實際的讚揚，這樣會使孩子生活在虛幻的現實中，並以為這樣就可以得到一切（而現實則完全不是這樣）。他會刻意壓抑自己的願望，刻意表現自己的行為，會自然的希望每個行為都得到回報、讚賞，如果沒有得到讚賞，則會加倍失望。有些壓抑的願望，因為從未得到過滿足，一旦有機會就容易沉溺下去，有的則會偷偷的去滿足，這樣，一個好端端的孩子就被毀掉了。

良好的道德行為應該源自於內心的願望，不是為了符合某種標準或讚許而產生。在孩子中樹立道德楷模，這種行為的動機雖然是激勵善行，但結果大多不好。

我認為鼓勵孩子的善行是好的，但不要把孩子當作楷模。

事實上，生活的經驗和心理學的研究都告訴我們，許多過早被樹立為道德楷模的孩子，不但他們以後的生活會不幸，而且會漸漸喪失產生道德行為的衝動，那些後來做出非常感人、值得稱道行為的，反而是一些一般的孩子。這難道不值得深思嗎？

在對小史賓塞的教育中，我希望他偶爾也犯一點小錯。因為只有這樣，他才會有更多正確的體會。

我的格言是：

好壞由別人評價，善惡則自在心中。

史賓塞的快樂法則

◎盡可能採用自然懲罰的方式：

急切的、人為的方法，總是會帶來有害的後果，而運用自然的原則，必然會形成一種開朗的家庭教育風格，家長們不會再用專制的手段，去控制兒童行為的一切細節。如果只是由孩子承受自己行為的自然後果，就不會由於管教過多而犯下錯誤。

只要可能，就讓孩子從經驗中去學習，使他既不因為性情和順，受過分的約束，而成為「溫室中的好人」；也不會因任性，受過分的約束，而產生有傷和氣的對抗。

◎人為的懲罰可以做為自然懲罰的補充：

除了孩子行為所帶來的自然後果外，父母的反應也是一種後果，父母讚許

或反對的態度，也是孩子行為的自然後果。我們不提倡用人為懲罰代替自然懲罰，但不是完全不做出反應，在現實中，這也是不可能的。我們應該運用這種反應，來做為自然懲罰的補充。

◎要少發命令：

命令，只有在其他方式不適用或失敗的情況下才使用。

在一般情況下，父母會下命令，考慮的多半是對大人的好處，而不是對兒童的好處，有的是為了給父母帶來方便，有的是發洩父母的怨氣。

命令，只有在重大的、可能對孩子自己或其他人造成危害時才使用。而如果真的發出了，則不應該輕易變動。千萬不要朝令夕改。

◎管教的最高目標在於不管：

教育的最高目標，應該是培養一個能夠自治、自省、自我教育的人。

◎不要抱怨兒童逐漸表現出的自我意志：

孩子如果沒有自我意志的表現，就意味著停止了成長。這是一種值得關注，也值得欣慰的力量。只要保持必要的觀察和引導，這種力量會使他成長為一個成功的人。

第13章 進行孩子身體的培育

什麼是幸福的人生？我認為健全的心智寓於健康的身體，就是幸福。一個人的身體和心智都健全、健康，就應該感謝上帝了。兩者當中如有一方面不健全，則不免令人感到遺憾。

要使孩子勝任未來的工作，有幸福的人生，必須讓他有健康的身體。而要成就一番事業，更必須有能夠忍耐辛勞的強健體魄。

一個生命如果要獲得更多的力量，他一定要經常到有許多生命生長的地方；就像一個人要獲得智慧，就應該到更多有智慧的人那裡去一樣，這是個簡單的道理。

快樂法則63 讓孩子成為一個「合格」的人類

生活的變化時常是意想不到的。小史賓塞十二歲的時候，我受邀到倫敦的《經濟學人》雜誌社工作，離開了生活多年的德比小鎮。這裡環境幽靜，正好適合我進行研究和寫作。

在倫敦，最有趣的是我被邀請加入某個「俱樂部」，這個俱樂部的成員只有九個人，都是英國最有名的科學家，除了我之外；他們還都是英國皇家學會的會員，有赫胥黎、胡克、盧伯克等。我們經常在星期四的下午一起討論有關科學、哲學、教育等問題，而我最關心的是教育問題。如何對孩子進行身體的培育，是這段時間我們思考和討論得最多的話題。

我想，每個人對孩子身體培育的重要性都不會懷疑。身體，是所有智慧、道德、品行的載體，就像一條船一樣，它將和它所裝載的東西，一起去完成人生的漫長航程。

什麼是幸福的人生？我認為健全的心智寓於健康的身體，就是幸福。一個人的身體和心智都健全、健康，就應該感謝上帝了。兩者當中如有一方面不健全，則不免令人感到遺憾。

人生的痛苦或幸福，大部分是自己造成的。心智不明的人，做事找不到正確的途徑；身體衰弱的人，即使找到正確的途徑，也沒有能力去實現目標。

我承認也有這樣的孩子，生來就有聰慧的心靈和強健的體魄，用不著別人幫多少忙。他們憑藉天賦的才氣和身體，自幼便能向著最美好的境界發展，他們超人的體質，好像天生就是為偉大目標而準備，但這的確非常少。就是這極少的孩子，也接受父母順應自然法則的培育，他們的父母看起來沒操多少心，但實際上，他們提供了孩子自然發展的空間。

而絕大多數的孩子需要細心的培育。

幼小的孩子無論從身體上還是心智上，都很像江河中的水：水性柔和的，稍微用一點力量，就能引導它，使河流發生根本的改變，最後流向遙遠的地方；有的水性可能不會那麼柔和，一開始就積蓄了較大的力量，因此想改變它，力量就會用得大一些。

孩子的體質，哪怕只是一點點影響，都會在未來顯現出來。

我深信要使孩子勝任未來的工作，有幸福的人生，必須讓他有健康的身體。而要成就一番事業，更必須有能夠忍耐辛勞的強健體魄。有的孩子依靠突出的智慧，在未來取得成就；有的孩子依靠美好的德行，在未來取得成就；也有的孩子依靠過人的精力、體質，在未來取得成就。

遺憾的是，我看過太多的情形卻並非如此。人們從教堂出來，走在田野上，很自然的從評論牧師講道，轉到天氣、收成、牲畜，再從這又討論到各種飼養的方法。人們訓練、飼養動物的興趣，似乎遠遠超過對孩子的培養。鎮上所有的人都知道，馬剛吃飽了

應不應該去拉車，可是，卻很少有人去探討孩子吃飽之後，是不是應該馬上去學習，許多父親把這些事都交給婦女去管，彷彿不這樣就意味著失去了男性的尊嚴。

我認為要培養孩子成為一個優秀的人，首先要培養他成為一個身心健全、「合格」的人類。

快樂法則64 避免孩子嬌生慣養

食物、衣物的匱乏，是孩子身體受到傷害的原因；在衣食不缺的情況下，嬌生慣養則是孩子體弱多病的原因。前者是一個社會問題，彌補的方法是讓他們多從大自然中，獲得幼小生命所必需的東西；而後者則需要從培養方法和觀念上來改變。

許多父母對孩子嬌生慣養，都是基於兩個理由：一是愛，因太愛孩子了，所以毫無選擇的滿足孩子的需求；二是對孩子過分的保護，害怕他凍著、累著、餓著，甚至哭一下也擔心他情緒受到傷害，但這無疑是把孩子放進一個不受汙染的地方。事實上，孩子需要從小經歷一些自然的風雨，這不但有利於他適應環境，而且會增強身體自我保護和調節的能力。

快樂法則65　常鍛鍊腳及偶爾試試洗冷水澡

腳是用來走路的。如果你希望孩子以後能走得快、走得遠，就應該從小鍛鍊他的腳力。我一直堅持讓小史賓塞用冷水洗腳，有時出去郊遊，我也讓他赤腳走一走，只要沒有劃傷的可能，盡量讓他赤腳爬山。但是劇烈的運動則一定要穿鞋，以免受傷。

我認為兒童每天睡覺之前一定要洗腳，而且是用冷水，即使冬天也如此，只是冬天洗完之後要把腳搓暖和。不過，這種鍛鍊最好從夏天開始，經過夏天、秋天，然後堅持在冬天也洗冷水，這樣孩子比較容易適應。小史賓塞在冬天洗冷水時，我用比賽的辦法，看誰敢用冷水洗，孩子的好勝心使他很快就適應了。

冷水澡對孩子的健康也有極大的好處，它在生理學上的依據，就是刺激和反射。一旦受到刺激，人會本能的調整身體中的每種力量，再加以反射，如：肌肉、呼吸、意志力等等，每調整一次，它們就會在強度、力度上有所增長。同樣的，冷水澡也應該從夏天開始，這時候他們最不容易拒絕，然後是秋天，一直到冬天。只要開始這樣做，到了較冷的秋天和冬天，孩子也可以完全適應，不容易感冒。不過，由於冷水澡會消耗熱量，一定要注意不要在饑餓和特別疲勞時這樣做，秋天和冬天洗完之後，也要補充一杯熱牛奶或熱湯；洗完之後，用乾毛巾把身體擦乾、擦熱，穿衣服的時間，也不要拖得太長；還要注意在孩子感冒或生病的時候，應暫時停止。

關於洗冷水澡這一健身的習慣，既經濟實惠，又簡單有效，史賓塞家族一直把它當成一個傳統。事實證明，這樣做的確使孩子的體質變好，而且在意志力、自我控制力上，也明顯優於其他孩子，長大後，他們可以承受更長時間的腦力和體力活動，他們聲音響亮，行動敏捷。很多義大利、德國、波蘭的家庭，長年堅持讓孩子洗冷水澡，有的學校甚至把它做為一門必修課。

有一種說法認為用冷水洗腳、洗澡，孩子容易感冒，這只是一種太小心和想像的說法。相反的，我和很多人都明白，長年洗冷水澡的孩子很少生病，他的自我調節能力和抵抗力明顯增加。這點，德國和愛爾蘭人的做法值得學習，即使還是很嬌嫩的嬰兒，父母也給他們用冷水洗腳、洗澡。

快樂法則66　游泳和戶外運動

古代的羅馬人很看重游泳，把它和文化教育相並列，有一句諺語形容一個人沒有受到良好的教育，就說「這人既沒有文化，又不會游泳」。

孩子到了能學習游泳的年齡（三到四歲），又有人教他，還有游泳池等設備，就應該讓他學游泳。會游泳不但使一個人獲得應付緊急情況的技能（許多人的性命正是由於會游泳才得救的），而且經常洗冷水澡，能增加肺活量和身體的協調能力。

正如任何一件有益的事情，都潛伏著不利的一面一樣，游泳存在著安全隱憂。游泳時應特別注意安全。父母既要教會孩子游泳，又要告訴他們危險所在。還有要注意，不要在運動之後、渾身發熱時下水游泳，必須先休息一會兒，等身體放鬆後，先用冷水拍打胸、手腕、後頸等，讓身體逐漸適應。

只要看一看孩子在水中戀戀不捨、跳躍翻滾的情形，人們都會明白，他們是多麼喜愛這一項運動。

還有一件對每個人的健康都有好處，尤其對孩子的健康大有好處的事情，就是戶外活動。大自然像一個天然的生命運動場，它用風雨、冷熱，還有四季變化的風景、樹林、草原、河流、山川等，讓生命無處不在。空氣清新、溼度適宜，這是上帝對人類的恩賜。

一個生命如果要獲得更多的力量，他一定要經常到有許多生命生長的地方；就像一個人要獲得智慧，就應該到更多有智慧的人那裡去一樣，這是個簡單的道理。

我們應該經常帶孩子到戶外去活動，即使在冬天也不要讓他烤火，使他既習慣於烈日，也習慣於嚴寒、風雨。一個人的身體如果連自然界的冷熱晴雨都無法承受，那他如何去應付人生的起伏跌宕呢？這種習慣和所需要的身體素質，應該在很小時就加以培養，如果等他長大了，已經很不能適應了，他也就會厭倦戶外活動。

經常到戶外活動的孩子，他的身體充滿了更強的活力。女孩子雖然會多注意一下自己的容顏，但同樣不應該拒絕戶外活動，這會使她們更健康強壯。

參加農藝勞動也是戶外活動的一部分。勞動不僅提供孩子親近大自然的機會，而且可以培養他們忍耐、持久的意志品行。我們不得不承認，在物質不匱乏的前提下，農村孩子普遍比城裡的孩子身體更健壯。

要注意的是，戶外活動時，提醒孩子不要在跑得太熱後，馬上坐在陰冷的溼地上，也不要因為口渴喝下大量的冷水，因為這樣確實容易發燒、生病。只要把這些道理反覆告訴孩子，他們會慢慢養成習慣的。

快樂法則67 不要穿太多衣服

不得不談到孩子穿衣服這個最普通的問題，因為在這點上，並不是所有父母或老人家都明白。

孩子穿衣服應該比成人稍微薄一點，但以不要受凍為原則。冬天，許多孩子生病是源於衣著，有的是因為怕孩子凍著，總是穿得很多，暖和是沒有問題了，但孩子好動，經常發熱、出汗，結果很容易生病；有的是過分心急的要培養孩子的身體抵抗力，在冬天也穿得很少，結果也容易生病。其實，只要參照正常成人的衣著，再略少一點就行了。千萬不要讓老人家來決定這種事，因為他們年老體弱，總是認為孩子也像自己一樣

怕冷，常常給孩子穿太多。

孩子的衣服不要穿得太緊，尤其是胸口部分，應該按自然、寬鬆、符合體型的原則，「自然」比我們人為的指導要精確得多，就像衣服太緊、全身受到束縛的兒童，很難形成健康的肢體和優美的身材一樣。緊身和狹小的衣服，會導致胸部狹窄、呼吸短促、肺功能衰弱、上身佝僂，這點，可以從古代中國婦女裹足的陋習上，發現它的危害。

快樂法則68　適當的睡眠和睡硬床

睡眠應該是讓孩子充分享受的事，唯有睡眠，才會使孩子運動一天的身體和心智得到放鬆、休息。就像白天和黑夜的交替一樣，白晝喧嘩、運動，而夜晚寧靜、和諧，孩子的身體也是這樣的。因此我認為，在孩子身體發育的過程中，睡眠是最重要的因素之一，人生有將近一半的時間在睡眠中度過，應該讓孩子從小就養成好的睡眠習慣。

早睡早起是順應自然的。夜晚降臨，世界逐漸由喧嘩走向寧靜，這是自然給人們的引導，告訴人們該休息了，如果這時孩子還處於特別興奮的狀態，是違背自然法則的，儘管有的成人這樣做，也沒有發現明顯的不適，但因孩子正處於身體的發育期，越是順應自然，就越會得到好的發育。

一般來說，零到三歲的孩子想睡多久，就讓他睡多久，只要不是連續睡就行了。三到五歲以後，則可以逐漸讓他們養成早睡早起的習慣，但中午應該讓他們午休一會兒。七到十四歲，他們的睡眠時間逐漸減少，但不應少於八小時，太多則會養成懶惰的習性。

把孩子從睡眠中叫醒時，一定不能太急，也不要大聲尖叫，應該聲音輕一些，動作柔一點，讓他們漸漸醒來，然後和顏悅色的招呼他，再講一點有趣的事，把他的注意力吸引到白天來。

對於孩子的床鋪，我認為應當睡硬床，床上的用品盡量用棉製品，而不要用其他的羽毛或動物毛。硬床能夠鍛鍊體格，太軟的床則常常導致虛弱，在家睡慣硬床的孩子，出外旅行時比較不會因床鋪不軟，或枕頭不合適而失眠。我還認為孩子的床鋪應經常變化，有時讓頭睡得高些，有時讓頭睡得低些，這樣可以使他們感覺不出床鋪的細小變化。睡眠，是大自然賜予人的甘露，失眠之人無不感到痛苦。

此外，還應注意孩子睡眠的質量，對長期受噩夢困擾的孩子，應幫助他改善。

快樂法則69 早上排便

儘管這是一件簡單的事，但對孩子的身體同樣重要。排便太過頻繁的孩子，很少有

強壯的身體。

我認為在早晨起床後，或吃了早餐之後，排便是最有益的。因為，早晨胃是空的，身體又經過一夜的調整，此時排泄可以把體內的廢料和有害的東西全部清除，使腹部和腸胃處於輕鬆的狀態。

在早晨起床或進食後排泄，只是一個習慣問題，因此我勸告父母們，在兒童早晨起床或進食後，應該馬上讓孩子去排便，慢慢的他們就會習慣了。我研究過很多孩子，有這種習慣的比較強壯一些。

快樂法則70　非必要，不要隨便用藥

我認為除非是孩子得了明顯的重病，否則不要吃太多的藥。許多父母希望完全把孩子的健康和身體交給醫生，稍有一點不適，就讓醫生開一大堆藥（而醫生們也常常樂意這樣做，彷彿不如此就沒有盡到職責）。這樣做最大的壞處是降低了孩子自我調節的意志和能力。

與其把孩子交給一個喜歡開藥給孩子的人，還不如完全順其自然比較安全，理智和經驗都告訴我們，除非是絕對必要，對孩子嬌嫩的身體應該盡量不加干涉，有許多疾病剛開始時，只需要多喝水，同時靜心休養，禁吃肉類，就可以治好。如果，這些溫和的

療法起不了什麼作用，再去看醫生也不遲。

比如小孩發燒，應先盡量用物理降溫法，用冰塊、溼毛巾敷他們的頭，只要體溫不是特別高，就不用服退燒藥。

特別要提醒的是，對孩子真正的病痛——症狀為痛苦的啼哭或呼吸困難、抽搐等，則必須立刻送醫，千萬不要企圖透過民間迷信的方法去治療，這是最愚蠢不過了。

雖然現在的醫療條件有較大的改善，我仍認為每個有孩子的家庭都應該具備一本《育兒百科》，此外，還應備有溫度計感冒藥等。

第14章 避免過度教育和學習

- 不要太看重孩子的考試分數，儘管它是一個暫時無法改變的事實。應該多關注孩子的思維能力、學習方法，盡量留住孩子最寶貴的興趣，和同樣寶貴的好奇心。不要用分數去判斷一個孩子的優劣、好壞，也不要以此為榮辱。

- 永遠不要忘記身體和精力是有限的，並不像某些人想像的，心智發展是不需要精力的。

- 如果人們承認身體健康狀況下降是過度學習的後果，那麼硬塞知識的辦法，就更應該受到譴責。

在倫敦的日子，寧靜而又匆匆。秋天時，我收到小史賓塞的來信，信中充滿對我們在一起的美好時光的懷念，且流露出淡淡的哀愁。他談到鎮上的一些事情，特別是學校。為了爭取好的教學成績，為了讓更多德比的孩子考上大學，學校上上下下都非常重視學習，緊張得讓人喘不過氣來，許多同學因為父母的期望和老師的壓力，睡眠嚴重不足。美麗的德文特河畔，再也看不見同學們快樂的影子，他們都眼睛發紅的在準備一年一度的大學升學考試，但小史賓塞說，他很懷疑這是否真能取得比較好的成效。

長期以來，我都在思考「過度教育」的問題。我決定離開倫敦，回到我可愛的小史賓塞身邊，回到美麗的德文特河畔。

在我告別倫敦的早晨，太陽在濃密的霧中掙扎，遠遠望去，倫敦大橋上人流湧動，各自從家裡趕向工廠、機關、學校，這使我想起一位詩人筆下的倫敦：

大霧籠罩著黎明，
人流湧過倫敦大橋。

這多像是一個教育的寓言啊！許多可愛的孩子，在他們度過了美好的童年、少年之後，又必須通過一座擁擠的大橋，才能到達人生的彼岸。有的人過去了，有的人永遠停留在橋的另一邊，開始另一種生活。

回到德比小鎮之後，我一面又開始了和小史賓塞在一起的快樂生活，一面著手研究關於過度教育和學習的問題。偶爾公立學校會請我去演講，和孩子們在一起，使我的內心充滿愉悅。

不得不談到的是，自從我回去後，公立學校的校長請我輔導那些準備參加大學升學考試的學生，我的方法使他們完全從過度學習中解放出來，結果升學的情況比倫敦的名校還好，成為「快樂教育」的又一例證。

快樂法則71　不要讓分數毀了孩子

孩子度過無憂無慮的童年後，必定會走進學校，進行各種有系統的課程學習。學校又總是與考試密不可分，有考試就會有優劣、勝負，地方官員為了表現本地的教育是如何昌明，總會想方設法讓孩子們考出好成績來。

這注定孩子在走進他們認為快樂無比的課堂時，就面臨了競爭，隨之而來是評判，是勝利的榮譽和失敗的恥辱。有些孩子受到鼓勵，可能會越來越好；有些孩子受到挫折，可能會越來越差。

我認為用分數來對學生一段時間的學習進行考評，僅僅是方法之一，而且後來這種方法被許多心理學家及教育家認為並不完善，我自己也認為在小學階段用分數來衡量學生的優劣，並不科學。一是因為許多考試題目是非常機械的（僅僅是出於打分數方便的原因），二是在這種年齡層的孩子，低分很容易給孩子差和無能的暗示，特別是由於它來自所有孩子都敬畏的老師們時，這種暗示會導致孩子出現挫折感。許多父母由於不明白分數的真正含義，同樣也採取憤怒的態度，又加重了孩子的挫折感。

也許有人會說，分數可以激勵那些好學的人，警惕那些不好學的人，可是我不得不說，這是一種似是而非的觀點。在這個階段，孩子的道德、品行等，可以用榮譽來刺激，唯獨求知和學習是不應該如此的。一個受這種刺激而學習的孩子，很容易失去學習和求知本身的樂趣，他很少去發現知識，相反的，他會不斷的去滿足標準答案，看起來他是一個優秀的學生，但失去的比這更多；而那些得到低分的人，警惕只能增加不快樂的心情，有的甚至從此一蹶不振。

事實上，我們看到了太多例子：許多在小學階段被老師和父母讚賞、鼓勵（主要原因是因為考試分數高）的孩子，最後無論是在更高一級的學校或社會，並沒有取得什麼成就，反而被由此而來的壓力和挫折感所折磨；相反的，有些不那麼被重視（也主要是因為成績）的孩子，則成為無論在品行或在社會成就上，都受人尊敬的人。

因此，我建議所有的父母不要太看重孩子的考試分數，儘管它是一個暫時無法改變的事實。我們應該多關注孩子的思維能力、學習方法，盡量留住孩子最寶貴的興趣，和同樣寶貴的好奇心。不要用分數去判斷一個孩子的優劣、好壞，也不要以此為榮辱，要

告訴孩子，分數就像對一個遊戲的測驗，如果你想得高分，很簡單，只要熟悉遊戲規則就行了。

非常幸運的是，不久後，英國的教育官員接受了我和其他教育研究者的建議，在小學低年級階段，取消了打分數和排名次的做法。教育和學習，變成一項培養孩子積極參與的快樂活動，代替分數評價的是一些相對模糊的概念，比如，優＋、優、優－、良等等，「差」評價幾乎不用，而是給這些孩子具體的建議和幫助。對於成績很好的孩子，也根據他們的特點，給予具體的讚揚，但很少在群體中造成優、劣的概念。

我認為，這是最尊重孩子成長規律的做法，因為如果哪一位父母或老師，可以根據幾道題目，就判斷出一個孩子的優劣，那他不是天才，就一定是一位先知了。

快樂法則72　及時發現過度教育和學習的問題

「教育和學習也會過度嗎？」一次，我和小史賓塞參加約翰‧福伯斯爵士的周末聚會時，一位以善於培養特殊才能孩子著稱的紳士，向我提出了這個問題，我想，許多父母和老師也許同樣會這樣懷疑。但是，我在對英國許多兒童早期教育和學校，做了大量觀察之後，我可以肯定的說，這個問題不僅存在，而且情況還很嚴重。

約翰・福伯斯爵士曾到英國各地中產階級學校去親身體驗過，在兒童和青少年中，的確存在過度教育和學習的問題，它表現出來的現象，是積極、刻苦、努力的學習，嚴格、緊張的課程時間安排，以及似乎永遠也做不完的課內和課外作業。但是，無論對兒童或青少年，無論對早期教育或後期的升學，都沒有產生好的效果，反而很差。

現代生活的壓力，使成年人和青年人的緊張情緒越來越強烈，為了讓年輕人在激烈的競爭中能站得住腳，一些學校和父母本能的採取嚴格訓練的辦法，結果卻適得其反。只要去拜訪一些即將參加升學考試，或已經考完的學生，你就會看到：這個孩子由於體弱，需要去鄉下休養幾個月；那個孩子因為長期緊張得了胃病，還常常頭暈；這些孩子心悸目眩；那些孩子嚴重失眠……，結果可想而知，他們幾乎都無法取得好的成績，也幾乎都無法考上理想的學校，因為在這種身體狀況下，判斷力下降、反應遲緩，哪裡還談得上在考場上有好的發揮呢！

快樂法則73 不要讓「過度」摧垮孩子的身心

我們可以看出，緊張的學習會給身體帶來傷害。模範公立學校總有一些病號，食慾不振、消化不良、腹瀉是常見的病，有三分之一的孩子都覺得頭痛，有的幾個月來都是如此，還有一部分人是整個垮了，不得不休學。

大自然是一個嚴格的會計師，如果在某方面你要的比他準備的多，他就會在別的地方減掉一些來補充；如果你照他準備的進行，分量恰當、種類合適，最後，你會得到大致平衡的發展；可是如果你不斷在某方面透支，一而再、再而三，他就會做出反抗，連應該給你的也拿了回去。

永遠不要忘記身體和精力是有限的，並不像某些人想像的，心智發展是不需要精力的。一個人運動過度，就一定會使思維能力下降；終身從事肌肉勞動的農民，心智活動就少一些。一個人長時間的思考，特別是機械記憶，身體機能也必然下降，反過來，它產生的後果一定是記憶力下降、情緒低落、多愁善感。

這就是上帝賜給每個生命的心智和身體機能的一致性。人在渴望、懼怕、憤怒、歡樂時，心臟會跳得很快，需要身體供給的能量會更多。食慾不振、消化不良，怎能使一個發育中的身體欣欣向榮呢？物質和精神的統一，在人體上得到了完美的體現。

快樂法則74 硬塞知識，更加有害

如果人們承認身體健康狀況下降是過度學習的後果，那麼硬塞知識的辦法，就更應該受到譴責，無論從哪方面看，這種方法都是大錯特錯的。從單純獲得知識方面看，心智和身體一樣，超過一定速度就不能吸收，如果供給它的知識過多、過快，這些知識不

但不能在心智中組合在一起，反而在應付完考試後就溜掉了（甚至還可能應付不了考試）；從心理方面看，這個方法使人對書本、知識產生厭倦，這種厭倦總是和緊張、痛苦的活動相聯繫，連孩子最寶貴的自我教育的興趣，也會被破壞掉。

這個錯誤，是因為假定知識就是一切，而忘記更重要的是組織、運用知識。正如德國科學家洪波爾特所說：

對個人的心智進展來說，過量的、消化不良的知識，可以說是給心智帶來負擔。當作心智的脂肪儲備起來的知識並無用處，只有變成心智的肌肉才有用。

長期的身體毛病，使最光明的前途蒙上陰影，而強健的活力即使遭遇不幸，也能放出光芒。

總之，我希望所有的父母和老師，在希望每個孩子成材的同時，也看到過度教育和學習，以及硬塞知識的真實危害：

它給人一些不久就忘的知識。

它引起人們對知識的厭惡，沒有自信。

它忽視對知識的組織能力，而這比知識本身更重要。

它使正在發育的身體和心智都蒙受傷害。

它使許多孩子就算成功也無法補償，失敗則加倍痛苦。

我還認為這種過度教育和填鴨知識的方法，對女孩比男孩子更有害，因為男孩比女孩有更多有趣的身體活動，可用來減輕過度學習的傷害。此外，女孩天生溫柔、聽話，使老師、家長們更加喜愛她們（遺憾的是，她們大多會為此付出更大的代價）。

快樂法則75　從功課之外，獲得身心平衡的方法

值得特別提出來告訴父母和老師的是，約翰・福伯斯爵士曾連續幾年，對考上牛津大學、愛丁堡大學的學生做過一項調查。這些眾所矚目的佼佼者們，在談到他們的學習方法時，除了用功學習之外，都有一套自己如何在平時放鬆、娛樂、運動等調劑身心的方法，有的是游泳，有的是打球，有的是戶外散步等等。總之，他們是用自己的方法，以身體反應為標準，成功避開了過度教育、過度學習的危害，而精力充沛、興趣廣泛、充滿活力。

也有少數透過身體耐力僥倖考上的，但接下來就需要長時間的休養，甚至休學。

此外，有些孩子可能在小學、甚至國中，成績一直不好，但一進入高中，反而突飛猛進，這並不是頓悟或祖先的庇祐，也無法證明是過度教育和學習所起的作用，相反

的，我們應該看到的是這些孩子在之前的很長一段時間，透過遊戲、自然發展的方式，積聚了很多身體和心智的準備，獲得了對知識的一些間接認識，身體健壯（由於沒有受到過度學習和教育的負面影響），心智放鬆。這樣，一旦他意識到新的挑戰，則全心全意的投入，並憑著充沛的精力和身體耐力，取得好的效果。

第15章 尊重孩子的權利

- 無論是家庭教育還是學校教育，它在本質上除了知識傳遞、道德培養之外，就應該是對孩子權利的尊重。不明白這一點，任何苦心孤詣的教育都是失敗的。

- 所有的父母和老師應該把「你有說話的權利」這句話，變成一句親切、美妙、動人的話語，就像很多時候對自己說的一樣。

- 教育的重要目的，就是教會孩子以後如何去選擇：選擇什麼樣的方法，什麼樣的專業；發展哪部分愛好，放棄哪些愛好。所有的選擇，都必須由他自己做出。

我不知道人們是從什麼時候開始，把我和「教育學者」這個名稱相提並論，在接受這一號稱時，我總會感到不適應。但是，當老師這項工作，卻實實在在帶給我很多快樂，這是我一生中最難忘的時光。寧靜的校園，梧桐樹灑下濃密的樹影，爬滿院牆的長春藤，學生們紅通通的臉龐，稚氣的表情，一個個充滿好奇的腦袋……。

我從倫敦回到德比小鎮的第二年，正好我父親的一個朋友，也就是德比公立學校的校長馬澤先生，他鄭重的邀請我，希望我能去他的學校為孩子們上課，他怕我不答應，還特地請我父親寫一封信給我。沒想到，這正是我非常樂意做的。我的祖父和父親都是老師，我的兩個叔叔也是老師，如今，我也成了這個教育世家中名副其實的一員。

非常感謝馬澤先生對我的信任，我幾乎完全按照自己的快樂教育法來教學，學生們都很愉快的聽我講課，他們甚至說：「每週最期待的，就是上史賓塞先生的數學課、閱讀課。」感謝上帝，我沒有辜負馬澤先生和所有學生、同事們的期望，幾年後，德比中學成為英國非常有影響力的學校，也有許多學生日後成為在科學、公共管理、藝術和醫學等方面的傑出人才。許多遠在倫敦的父母，都把孩子送到這裡來。

尊重孩子的權利和快樂教育的方法，是我在教育中成功的主要原因。

快樂法則76　上帝也賦予了孩子們權利

上帝立志要天下人幸福，但這種幸福必須靠人的愛心，和在現實中的能力才能得到。於是，上帝賦予每個人發展和完善自我的權利，這不是一個人的權利，而是所有人的權利，只要這種權利不妨害他人同樣的權利。

兒童也具有這種權利嗎？當然是。也許很多父母會對「兒童的權利」這個說法感到陌生，會認為這近乎荒唐，但「陌生」並不意味著他們不應該具有。在封建時代，普通人有什麼權利嗎？沒有。但是現在有了，而且每個人對現在擁有的權利滿心歡喜，並視為理所當然的事。

我認為無論是家庭教育還是學校教育，它在本質上除了知識傳遞、道德培養之外，就應該是對孩子權利的尊重。不明白這一點，任何苦心孤詣的教育都是失敗的。

教育的目的是什麼？無論是一位鄉村女教師，還是一位大教育家都明白，是為了培養孩子適應未來生活，所要求的身體、心智和道德成長。那麼，什麼樣的人才能適應未來的生活呢？除了必需的技能、知識以外，還應具有較高的自我控制能力、判斷能力、獨立意識，總之，是一個具自治能力的人。和其他所有能力一樣，這種高度的自治能力只能透過練習才能得到發展，而教育就是不斷深入的進行這種練習的過程。

看一看在每個時代生活得很好的人就知道：假如一個孩子將來面對的生活，是一個

專制君主統治的生活，那教育孩子多一點奴性、順從，少一些自治能力、獨立判斷，無疑是一種實惠的辦法；但假如他將來生活在一個自由的、競爭的、富有創造力的時代，卻對孩子的權利完全漠視，讓他只是盲目的服從、聽從，結果對孩子是極為有害的。

現在的許多教育觀念正是如此。一方面時代發生了根本的變化，需要大量有創造力，和有公平、公正等文明精神的人；而另一方面，大量的強制教育仍按中世紀的方式在進行。一方面社會需要有自由創造力的航海家、資本家、科學家；另一方面，教育卻希望每一個孩子都只是一個聰明的奴隸。

那些種種無視兒童權利的教育觀念，可說是封建時代的殘留物。一個國家雖然在社會制度上進入現代文明的階段，但在教育上也必須清楚的完成轉變，這個轉變最大的標誌是在教育中，對未來的主人翁——也就是現在的孩子們權利的尊重。

保證孩子受教育的權利、不被虐待的權利，以及受撫養的權利，是法律的職責，而孩子在精神、心智上的權利，則屬於教育的事情。

想用野蠻的辦法培養出一個文明的紳士，簡直比登天還難；同樣的，想用強制的、專制的方法培養一個開明的人，也是如此困難。

一個權利從來沒有受過尊重的人，一旦可能，他也會同樣的對待其他人；一個很少得到愛的人，也常常會在可能的情況下還之以惡。

教育，就從尊重孩子開始吧！應該尊重孩子的哪些權利呢？我認為只要我們問一問自己，需要別人尊重自己哪些權利，就可以得到答案了。除了「政治」權利以外，都應該受到尊重，這是促使孩子們逐漸形成自我教育、自治能力和責任心的重要條件。

快樂法則77 孩子也有說話的權利

每個人都有說話的權利，但並不是每個人都能得到這種權利，特別是孩子。當他受批評、指責時，他們的解釋和辯解常常被打斷：「你不要再狡辯了，沒有用」「閉上你的臭嘴」「你又開始撒謊」……

這些話幾乎在很多家庭和學校都可以聽到，人們習以為常，不再奇怪。但是，一個人受到批評和責罵時，他為什麼不能辯解呢？這從道德和法律上都說不過去。

這種情況下，孩子會本能的產生受委屈的感覺，進而傷心、怨恨。如果是在課堂上，那這堂課已經與他無關了；如果是在家裡，他會把這種委屈發洩到其他物件上，或去想好玩的事來擺脫這種情緒。苦了就會去找甜的東西，這是動物的本能。

如果是一個陌生人這樣對他，當下他會很憤怒，但很快就不把它當一回事了；可是，如果是他尊敬又有好感的人這樣對他，他會加倍傷心，並漸漸失去信心。難道有哪一位老師或父母真的希望孩子如此嗎？絕對不。

相反的，如果孩子要對某件事進行辯解，而時機又不恰當時，一位明智的老師或父

母會說：「你有辯解的權利，下課後，我會單獨聽你說。」或「現在我很忙，但我一定會聽你解釋的。」對孩子來說，這無疑是大旱甘霖，他不但不委屈、怨恨，反而信心大增，並會想自己是不是有什麼地方的確做得不妥。

受委屈的人，很少去反省自己有什麼過錯，因為憤怒和不平占據他的心靈；被感動的人卻常常反省，因為感動增加他內心的勇氣。

從現實面來講，難道有哪位老師和父母真的希望孩子長大後，遇到類似的情況而不辯解嗎？不，那時，他的母親一定會尖叫著說：「你為什麼不辯解？」

孩子的這種權利受到尊重，會增強他的自信心和榮譽感，他反而會注意別人的權利是否也被自己尊重，從而增強自治能力。

看一看成人的社會就更能明白，仇視帶來仇視，暴力產生暴力。如果一個國家的法律規定：「受到懲罰的人無權申辯。」在封建時代，這個政權可能還會維持一段時間；但在現代，它很快就會面臨危機，憤怒的民眾會把制定這項法律的人包圍起來。

雖然尊重孩子說話的權利，並未寫入任何一個國家的法律，但它卻寫進任何一個具有文明精神的人，所認同的教育道德之中。正如法律沒有規定一個人必須去愛另一個人，而道德的律令卻讓這種愛產生。

反對這種觀點的人，唯一的理由可能是，他只是一個孩子；而贊同的人會說，他是未來的主人翁。教育的目的，不正是要使受教育者去適應未來的生活，成為未來的主人

翁嗎？

我認為所有的父母和老師，應該把「你有說話的權利」這句話，變成一句親切、美妙、動人的話語，就像很多時候對自己說的一樣。這時，你真的會看到孩子身上出現令人鼓舞的變化，不管這個孩子是成績差的，還是成績好的，是聽話、溫柔的，還是頑皮搗蛋的。對於那些沒有教養的孩子，當你這樣說時，教育就開始了。

快樂法則78 孩子有權得到公平的待遇

小史賓塞在上小學的時候，一天，我和他在德文特河畔散步，我問他，他和班上的同學最想得到什麼？他想了想，告訴我說，是班上教室的鑰匙。這讓我很好奇，難道進教室很困難嗎？不是，他說：「因為教室的鑰匙一直掛在班長的脖子上，每當她和大家一起去上學時，所有的同學都羨慕不已。」小史賓塞還說，有一次他甚至夢見自己終於掛了一串鑰匙。

一年以後，當我再問起這串鑰匙的事時，小史賓塞說，同學們現在很討厭這串鑰匙，因為總是得不到。

這是一個值得父母和老師們思考的問題，其實，許多孩子所面臨的，遠不止「鑰匙佩掛權」這麼簡單。

一個孩子打了另一個孩子，可能因為打人的孩子家中富有或有權力，而被免除應得的懲罰；兩個同時犯錯的孩子，可能因為一個成績好而免受責罰，而另一個成績差的則承擔全部後果；兩個孩子因為某件事同時受到懷疑，成績好的首先被排除，而成績差的則無可爭議的被懷疑；兩個都沒有答對問題的孩子，老師可能會對其中比較乖的說：「也許你這段時間太累了。」而對另一個比較頑皮的說：「你怎麼連這麼簡單的問題都答不出來？」有很多個孩子的家庭，母親可能經常對其中一個尖叫、責罵，而對另一個溫柔、關懷，她總是去發現某個孩子的優點，也總能找出另一個孩子的缺點……。

這樣的事實在是太多了，儘管每一件事都有原因，但有一點是共同的：孩子不受歧視的權利，從小就面臨被剝奪的現實。這產生在成績好和成績差的孩子之間，富有和貧窮之間，有權力和無權力之間，溫順和頑皮之間，甚至還可能是美與醜之間。

難道孩子們因為年紀小、不懂事，就不需要這種權利，也對被剝奪的權利沒有感覺嗎？絕對不是！請一個有親和力的人與孩子們談一談，他們會滔滔不絕的說出很多例子來，面對這種情況，他們最直接的反應就是：這不公平！

在成人的世界裡，我們衡量一個人是否值得尊敬的標準，就是看他是否具有公平、公正的德行。公平如此重要，就在於它給予每個人同等的機會、同等的尊重和價值的肯定，但在孩子的世界裡，為什麼要讓他感受到不公正、不公平呢？

這樣做的後果是顯而易見的。因為得不到，有些孩子無奈的放棄，有些則選擇了反

抗，消極的陰影在孩子的心中誕生，失望、不快樂的情緒增長，對學習沒有興趣，迫於壓力，無法離開學校和老師，只能每天無奈的去上學。

也許這些父母和老師原本的想法，只是為了鞭策、刺激成績差、頑劣的孩子，但效果一定是相反的，只要看一看成人社會就一目瞭然了。絕大多數受到不公正待遇的人，首先想到的是報復，而不是奉獻和友好；任何一個個體不受尊重的社會群體，所產生的智慧和創造力，遠遠低於每個人都受尊重的社會群體。何況在孩子的世界裡，他們消除和排解這種陰影的能力要差得多。

從教育的目的來看，如果要培養更多的惡，那麼這種歧視的、不公正的事情，是最好不過的搖籃；而如果要培養的是智慧和文明的人，有更多創造活力、熱情、富於愛心的人，那麼，這無異是緣木求魚。

所以我認為，父母和老師應該把這種權利毫無條件的給予孩子，這樣那些原本優秀的孩子，不會生活在一種假設的優越環境中，而才能得不到發展；原本不那麼好的孩子，則會釋放出更大的主動性和熱情。他們愛這個團體或家庭，不是因為無奈，而是發自內心。

就像要讓一個人愛國，不只是因為他出生在這裡，而是因為國家值得他愛；不是因為國家給了他侮辱和痛苦，而是因為國家給了他機會和尊重。

人類渴望不受歧視、公正的天性，從上帝開始祂偉大工作的那天起就有了。孩子則

更渴望公正，因為生長和發育的力量，使他們非常重視生活中的公正，並希望得到它，只有老弱的人、對生活完全絕望和即將進入墓穴的人，才顯示出對這種權利的謙虛，因為和死亡相比，這些已不再重要了。

快樂法則79 尊重孩子擁有自尊的權利

每個頭腦清楚的人都承認，培養孩子的自尊心是教育的目的之一，是使孩子文明、自治的必要條件，也是培養孩子有責任心、上進心、榮辱感的前提，還是孩子自我認識中最重要的一環。

每一個生命從他誕生的那天開始，他的身體、智力、性格等等，就明確的與另一個生命完全不同，有一天，當他明白的認識到這點時，自尊心便誕生了，以後他生活中的所有事情，都與他這個人息息相關，不可替代，他將以自己的姓名和所指的「這一個」有機體，去經歷各種事情，去做出判斷，去遭遇失敗，去享受勝利，無論父母多麼愛他，老師多麼喜歡他，都不可能代替他去做任何事。

自尊是什麼，就是對自我的認同、肯定。他為自己靈巧的手指欣喜，為自己表達情感和思想的語言高興，為身體跳躍的能力自豪……。正是這種自我認同，使他不甘落後，使他積極求知，當然，他也會犯錯，但自尊心總是暗示自己，這只是偶然的，自己

不可能永遠犯錯，他也為自己改正的勇氣而高興。

教育的目的，不就是這樣嗎？

但教育的手段往往採取的是毀滅、打擊自尊心的方法。當孩子興高采烈的說：「我要趕上某某某。」一些教育者會說：「你？去做夢吧！」當一個孩子說：「我相信這件愚蠢的事，我以後再也不會做了。」一些父母會說：「你如果真能做到，連公雞也會下蛋。」當一個孩子連續幾次都考得不好時，嚴厲的老師或父母會不斷用手指戳著孩子的頭說：「我要是你，早就去死了！」「你為什麼這麼笨。」……

如果這些方法能夠達到教育目的，那我真的應該感謝這樣的老師和父母，但這是不可能的！如果教育真的這麼簡單，那人類的智力和道德一定與昆蟲差不多。實際上，所有打擊孩子自尊心的言行，幾乎都達不到主觀上想得到的效果，因為當自尊心受到打擊時，任何孩子的第一個反應就是痛苦（難道還會快樂嗎？），有的會在內心反駁，有的則會討厭自己，他哪裡還有動力，去按教育者指引的目標努力呢！他會長時間抬不起頭來，對周圍的人產生陌生和距離感。這樣的方法，就像把一個人的頭按在水裡，卻以為可以讓他學會游泳一樣荒謬。

如果讓你回憶童年最難忘的事，通常一是得到愛的喜悅，二是自尊心受到打擊而傷心的事，有的人甚至連當時的細節都記得一清二楚，可見這種方法對一個孩子的影響有多深、多久。

我認為在維護孩子自尊的權利上，明智的父母和老師應該多說這樣的話：要趕上某某是可能的，但重要的是你要成為你自己，你是獨特的。愚蠢的事每個人都曾做過，但你認識到了，我相信你絕不會做第二次。你並不笨，只是花的時間和精力不夠。

快樂法則 80 每個孩子都有機會均等的權利

正如小史賓塞講的一串鑰匙的故事一樣，每個孩子都希望得到被信任、被重視、與他人平等的機會。如果那位老師能讓每個孩子都有一次掛鑰匙的機會，他所得到的不僅僅是那位「優秀」的班長，而是所有孩子的自信心和責任心，而那位優秀的班長也會明白：世界上還有很多其他優秀的人；機會不是總屬於自己，也屬於別的孩子。

約翰・福伯斯爵士曾在一所學校中做過多次實驗，他讓一組孩子均等的機會多一些，譬如：每人一週輪流當組長；另一組的孩子則按傳統的方法，機會只有極少數人才有，而且是不變的。結果第一組的孩子明顯活潑、大膽，每個孩子的組織、溝通和行為能力都較強一些，同學之間的關係更和諧；相反的，另一組則沉悶得多，一如既往。第

一組中，即使是平時表現最差的孩子，當機會來臨時，他表現出的責任心和忍耐力，讓每個人都十分感動。

我非常讚賞約翰・福伯斯爵士所做的這種比較實驗。的確，能否把握每個機會，怎樣運用每個機會，是由每個孩子的特點決定的，只是一種可能性，但如果沒有機會，什麼可能性都不會有。

看一看今天的社會我們便明白，孩子擁有機會均等的權利是多麼重要。一個自由經濟和民主政治的時代，無論在商業、科學還是公共管理領域，機會對每個人都越來越均等，如果孩子從小看到的是只有少數人才享有機會的情形，那麼在他進入成人社會後，則會產生相同的認知，主動去認識和把握機會的觀念就會減弱，他們會自然把許多事看做是固定的，而不是變化的，是別人的，而不是自己的。這樣的後果就是他沒有得到過任何機會，也就不會去發展與這種機會相應的能力。

我認為給孩子機會，就是給孩子無窮的可能性，正如孩子本身的特點一樣。

快樂法則81　尊重孩子獨立思考和判斷的權利

每個人都有思考和判斷的權利，這是人與其他動物的根本區別之一。在人的其他事務上，許多事是可以代替的，比如：為了方便，別人可以代替你去領薪水，而不會對你

有什麼不利；別人可以代替你去工作幾天，然後以此為回報，你也可以代替別人去工作幾天。但唯獨一個人的思考和判斷是不能代替，也代替不了的。

對孩子來說，無論在學校還是在家裡，都應該享有這樣的權利。他們的思考可能是幼稚的，判斷也可能是不正確的，但每個人都清楚，沒有幼稚的思考，怎麼會有成熟的思考；沒有判斷失誤的經驗，怎麼會有正確的判斷呢？何況教育除了讓孩子獲得已有的知識外，還在於訓練他們的心智，以增強獲得新知識的能力。

只要看一看人類知識進步的過程就會明白，獨立思考和判斷是多麼重要，如果沒有這些獨立思考和判斷，所有知識都將停止不前。下面的這些話，全都來自當時的官方文件和權威人士：

- 一八四〇年：任何以每小時五十公里的速度旅行的人，一定會因缺氧而死。
- 一八四四年：電力照明一點也不值得嚴肅的去考慮，因為這是不可能的。
- 一八七六年：隔著大海通電話，就像飛過大海一樣是不可能的。（出自一位科學家之口）
- 一八七八年：在現實中，不可能以某種方式組裝出一架能讓人飛行的機器。

而事實上呢？這些判斷無論在當時多麼權威，後來都被證明是錯誤的。如果人們只是盲從而不進行獨立思考、判斷，那麼後來所有的事情，都不可能發生。

如果我們承認教育是為了孩子的未來，是為了孩子們以後的生活幸福、富足，那麼就更應該知道培養、尊重他的獨立思考和判斷能力，是多麼重要。如果他以後從事商業，沒有獨立思考只會使他賠得精光；如果他以後從事航海，沒有獨立思考會使他喪命；如果他以後也要結婚、生子，沒有獨立思考可能會一生不幸，到頭來，他還不知道為什麼。

然而，我在家庭和學校中聽到太多完全相反的話語：「你為什麼不按標準答案寫，難道你聾了嗎？」「你以為你是誰，是科學家嗎？」「哈哈！這麼愚蠢的想法，你居然也好意思寫在考卷上。」「如果你能自己想出來，那你還要老師和課本幹什麼？」

我從來不輕易否定小史賓塞在知識和生活上的每一種想法，相反的，我經常問他：「你的看法呢？」「你覺得應該怎樣？」小史賓塞也常常回答許多可愛的想法。

我認為父母和老師不但不應該武斷的否定孩子的思想，反而應該像尊重自己一樣的尊重孩子們可貴的思想，這樣你所培養的，不僅僅是一些會背標準答案的好學生，而是一個個充滿興趣和活力的未來主人翁。也許在他們不整潔而破舊的衣著下，是一顆高貴、會思考的頭腦；也許在他們不討人喜歡的長相後面，是一顆獨立判斷的心靈。

同時，我們還不得不正視一個現實：現在學生所用的課本或其他輔助教材，並不是完全出自社會上專業的賢達之士；一些教育官員為了牟利，和同樣為了牟利的商人結合，總會把一些錯誤百出的試卷、作業簿，想方設法的賣給學生，有時學生要獲取知

識，反而不得不從錯誤中去尋找正確的東西。在這種連教科書都錯誤百出的情況下，沒有獨立思考和判斷的能力行嗎？

快樂法則82 尊重孩子自己的選擇

每一位父母和老師捫心自問：「我能代替孩子過以後的生活嗎？我能幫他做決定嗎？」不能！每個孩子都將獨立面對未來的生活，獨自承擔好和不好的結果，他將面臨很多選擇。

教育的重要目的，就是教會孩子以後如何去選擇：選擇什麼樣的方法，什麼樣的專業；發展哪部分愛好，放棄哪些愛好。所有的選擇，都必須由他自己做出。

我認為從孩提時代開始，父母和老師就應該尊重孩子的選擇，除了一些必須如此的事情外。只有做自己選擇的事情，遇到困難時他才能忍耐、努力，成功的時候，也才能真正享受到明智選擇的喜悅。但在進行選擇的同時，父母應該明顯有利的或不利的因素，並告訴孩子：「你做的選擇，就應該承擔選擇帶給你的一切。」

不是所有孩子的選擇權利都得到了尊重，也不是所有的父母和老師，都有意識地培養孩子選擇的能力和勇氣。比如：一個孩子不願意學鋼琴（也許他很願意聽），而願意踢足球，兩種活動都對孩子有利，出於父母的願望，希望他學習他們認為高雅的技能，

結果他痛苦的學了，但內心卻永遠嚮往著足球。我甚至看過一個報導，在類似的情況下，一個女孩為了拒絕學鋼琴，而弄傷了自己的手指。再比如：孩子希望上午玩耍，下午再寫功課，而父母的要求卻相反，於是他做了，但並不快樂；一個孩子喜歡紅色的衣服，父母卻喜歡他穿藍色的，於是買了，但他並不高興。有的孩子甚至一生都沒有選擇的機會，一切都在經驗豐富的父母掌管之下，結果可想而知。絕大多數人因此失去發展和完善自己，並心甘情願為之付出努力的機會。

我認為應該多尊重和培養孩子自己選擇的權利，這是他一生的必修課，這不但可以使他養成獨立的意識，還能訓練他的判斷力，讓他學會為選擇而付出並承擔結果。

我這樣說，並不是要父母和老師拒絕那些不合理、有害的，以及父母和老師無法承擔後果的選擇，但尊重孩子的這種權利和他的思考、判斷，也就尊重了他的未來。

第16章 培養孩子終身受益的習慣

- 人培養了自己的習慣，又逐漸被這種習慣所改變，這就是習慣的力量，好的和不好的都同樣如此。

- 也許訓練孩子專注一開始所做的事，並不是父母或老師所希望的知識，但不要忘記，學習任何知識，一方面是為了掌握知識本身，另一方面是在這個過程中，使孩子的心智受到啟發和訓練。

- 一個人只要他的選擇是發自內心的，並在選擇後勇敢的面對一切，他就一定會有成就。要告訴孩子，選擇，也就意味著放棄，只有放棄別的，才是尊重自己的選擇。

世界上很多地方都流傳著這兩句諺語：

習慣，是人的第二天性。

教育孩子，就是逐漸培養他們良好的習慣。

我認為這兩句話至少說明了教育所包含的一半道理，那就是使所有教育的內容以習慣的方式，在孩子心中固定下來，特別是有助於自我教育的習慣。一類是有助於心智發展、培養自我教育能力的習慣；另一類則有助於孩子現實行為的習慣。

知識的傳播、傳遞，主要依靠書本，而習慣的養成，則主要依靠父母和老師（直到孩子有較強的自我教育能力之後）。

我認為對孩子終身有益的習慣具有普遍性，也就是說，任何孩子如果具備這些習慣，對自己的人生是有益處的。

快樂法則83　利用重複和快樂，誘導孩子培養習慣

習慣，產生於重複。

有的人習慣用右手，是因為他長期使用右手；有的人走路很快，是因為他長期快速的行走。習慣用右手的人，他右手的力量會比左手大，於是，出於方便和力量的原因，他更常使用右手；習慣走路快的人，他的步伐有力，總能迅速到達目的，於是，又促使他經常以這種步伐和頻率行走，除非他因這種方式遭遇了重大失敗。改變習慣和培養習慣，所花的時間幾乎一樣。

人培養了自己的習慣，又逐漸被這種習慣所改變，這就是習慣的力量，好的和不好的都同樣如此。

習慣，產生於誘導。

為什麼有這樣的習慣？為什麼這種習慣保留下來，而另一種消失了？其中最主要的原因來自於誘導。誘導是人生最初的老師，它總是把外在的目的，和被誘導者內在的需求、興趣結合起來，它深諳任何人對快樂的天然需求，以及對不快樂的天然排斥，它深諳獎與罰、讚譽和批評對人的影響；正是因為誘導，使一切習慣開始了它的第一次，接著是第二次、第三次。

最成功的誘導是使誘導的物件從中獲得自我認同，不是來自外界，而是來自內心的

自我認同。明智而聰明的父母，常常會根據孩子不同的興趣，找到誘導的時機、內容，這比一千遍的要求、說教，要有用得多。

在我們了解快樂教育和自我教育的相關原理後，這樣的誘導並不像占卜一樣困難，實際上，它很簡單。

誘導在於有趣。

幾乎所有習慣都開始於有趣，然後才與一定的目的、目標結合，當這些有趣的事，與實現某一理性的目標越來越同步時，就會被固定下來成為主動選擇的習慣。

快樂法則84　如何培養孩子專注的習慣？

一方面，專注是與孩子本能的好動、見異思遷、喜新厭舊相矛盾的；另一方面，專注又時常表現在孩子感興趣的事情上。總之，專注是與一般孩子的特點相矛盾的，需要透過誘導和重複，來使他們養成專注的習慣。

我認為在孩子求知和現實的行為中，缺乏專注是十分常見的。淺嘗輒止、興趣轉移、東遊西蕩，幾乎是每個孩子都可能出現的狀況，我認為孩子透過這些自然的方式，也能獲得一些知識，但如果能加上一點專注的習慣，則會更好。

我從小史賓塞七歲開始，便培養他專注的習慣，這點使他後來無論在學習上還是生

活上，都終身受益。我的計畫分為幾個方面：一是透過一些小實驗，啟發他明白專注的含義和作用；二是透過幾件有趣的事，培養他專注的習慣，並讓他體會專注的快樂；三是把一般的專注引伸到求知上，然後在生活中加以重複。

一天，我和小史賓塞出去郊遊，並準備在外面野炊。小史賓塞一聽到要野炊，簡直樂翻了。到了德文特河的上游，我們已經餓腸轆轆，於是在一塊大石頭後面搭好了灶臺，撿來一些乾草和枯樹枝，準備生火做飯。但是，我們都忘記帶火柴，怎麼辦呢？小史賓塞急得沒了主意，我提出一個想法，要是能利用太陽光把乾草點燃就好了。小史賓塞趕緊把乾草放在太陽光下，等了很久，乾草只是被晒熱了，並沒有著火。我又提議，要是能把太陽光長時間集中在一點，草一定會被點燃。小史賓塞完全同意這個辦法，但他認為這是不可能的。

正當他有些洩氣的時候，我從背包裡取出一個凸透鏡，用石頭固定下來，然後，把乾草放在焦聚的一個亮點上。一開始乾草沒有任何反應，過了一會兒，又過了一會兒，乾草發出了滋滋的聲音，然後冒起煙來。小史賓塞高興得滿臉通紅，像發現奇蹟一樣。結果，我們美妙的吃了一頓。

小史賓塞一直很好奇這鏡片為什麼會把草點燃呢？我告訴他，點燃乾草的不是鏡片，仍然是太陽光，因為它才有熱量；鏡片的作用是把光集中在一點，並長時間的照射，才能把草點燃。我順便提到，這個道理在很多地方都可以用，人也可以，只要人把注意力長時間集中在一件事上，也會產生意想不到的效果。我說，比如你想記住好朋友的生日，只需要集中注意力在腦子裡想幾遍，就行了。小史賓塞第一次朦朧的明白什麼是專注。

第二次我們去觀察螞蟻，這是小史賓塞最喜歡做的事了。我提議這個星期天，我們要把螞蟻王國的情況徹底弄清楚，其他事，我們一件也不做，即使其他小朋友來約你出去玩，也不去。小史賓塞欣然同意。我準備了十張小卡片，還有一本關於昆蟲的書；每張小卡片上都有一個問題，按這些問題，把有關螞蟻的所有資料全都查出來、抄上去。就這樣，我們花了將近一天的時間，把有關螞蟻的情況全都弄清楚了。

最後，我問他快樂嗎？他點點頭說，太有趣了。

再後來，我就經常讓小史賓塞練習一段時間只做一件事。一本書沒有看完，不去看第二本，除非他決定放棄；一幅畫沒有畫完，不去畫別的；做一件事時，不去想其他的事等等。多次以後，他漸漸養成了專注的習慣，能從專注的做一件事中找到樂趣，也漸漸沒了往日的浮躁，心總能平靜下來。只要一開始決定做一件事，他就會安靜下來。

我非常了解這種習慣對他以後學習和工作的影響。

當然，我也不去限制他對其他事物發生興趣，但總鼓勵他在一段時間做一件事情，或對一個東西感興趣，並把它徹底弄明白。

一旦形成了專注的習慣，孩子的心智潛能是非常巨大的。

特別值得談的是，也許訓練孩子專注一開始所做的事，並不是父母或老師所希望的知識，但不要忘記，學習任何知識，一方面是為了掌握知識本身，另一方面是在這個過程中，使孩子的心智受到啟發和訓練。就像要讓孩子抓住混雜在一堆卡片裡的某張卡片一樣，雖然他一開始抓到的，也許並不是你期望的，但在這個過程中，他的手指、思維和感知能力得到了訓練。所以，培養孩子專注，一開始應該選擇他感興趣的，而不是父母感興趣的事，這樣做會容易得多。

快樂法則85　實際操作的效果出乎意料的好

只要研究一下所有傳統手工藝，以及家庭技藝的傳授過程，就會發現一個有趣的現象：許多非常複雜的工藝技術和微妙的工藝經驗，按道理是非常不利於傳授的，但結果卻出乎意料的，在他們孩子手中完美的傳承。是什麼方法使他們的孩子對這些技藝感興趣？又是什麼方法使他們的孩子有效的學習，並熟練掌握這麼複雜的技藝呢？

運用。正是「運用」這個方法，使興趣與實用、知識與目的結合起來，從而達到意想不到的教育效果。

我認為知識如果沒有自我發現的特點，是不會掌握得很牢固的；同樣的，知識如果不與運用（哪怕僅僅是出於訓練和教育目的的運用）結合，則是生硬的，既不利於培養孩子的興趣，也不利於知識的自我衍生。

「運用」至少有三個必然的結果：一是培養孩子的積極性，增強他們的興趣和自信心；二是使已有的知識得以重複，進而充分理解和掌握；三是使這些知識產生新的知識。還有什麼比這更讓父母和老師們高興的呢？

我培養小史賓塞學會運用，是從下面幾件事開始的。後來，我發現除了使小史賓塞感到樂趣無窮，效果也很驚人。

「寫」一度是小史賓塞最不願意做，也感到最困難的事。可以想，可以說，但就是不願寫；怕寫、煩寫，一說起寫就愁眉苦臉，能拖則拖。怎麼辦呢？任何一個研究過教育的人都知道，寫是思想的訓練過程，寫是記憶的重複。

我想到了運用。正好有一段時間我的嗓子有些沙啞，醫生建議我少說話，否則有失聲的可能，於是，我和小史賓塞玩起了字條遊戲，所有的日常交談都只能透過寫來實現，否則就達不到目的。這時，小史賓塞只有六歲多，能寫的單詞和句子有限，但為了生活，必須要寫。一開始，我們只寫簡單的意思，比如：「衣服該洗了」「今天中午吃什麼」等等，後來，我們的字條漸漸涉及到對一些事物的評價、看法，每次寫的句子越來越多，越來越複雜。當他出現語法錯誤時，我就會在字條上糾正。

一個月後，當我的嗓子已完全恢復時，小史賓塞的書面寫作能力已大有進步，而且不用要求，他也會習慣的把許多東西寫下來。我想，如果不是因為運用，就是花上半年

的時間，他也不會有現在的書寫能力。再後來，我們經常在家裡通信，這個習慣一直維持到他大學畢業。

為了培養小史賓塞的閱讀習慣，我提出一個建議：每天，我們為彼此讀一段書。這是他最感榮幸的事情，因為我們雙方都可以用勞動來換取享受，既公平又快樂。他讀錯的地方我會糾正，並要求他做個記號，避免下次讀錯。每天晚飯後或睡覺前，我會愜意的躺著，充分享受這段美好時光。我們所讀的內容有報刊上的文章，也有書籍，特別是愛默生的一些隨筆，這對我們倆來說，都是美和智慧的享受。閱讀，使小史賓塞的理解力大大增強，也使他在快樂中獲取知識，不過，我從不要求他讀那些言之無物、低俗淺薄的書籍。

沒有比這種運用，更能讓雙方愉悅的事了。

許多時候，孩子們漫無目的的四處閒逛，是因為找不到更有趣的事做，其實他們並不快樂。有時不得已與一些比自己小的孩子一起玩耍，心裡也是空虛的。只要引導孩子去做更有趣的事，他一定很高興。

小史賓塞八歲的時候，我正式聘用他做我的資料員，每週一便士。我交給他的工作是幫我收集報刊上和學校裡，所有與教育相關的資料、新聞報導、學術論文。方法很簡單，他先把資料找出來，然後按重要程度排列（他可以自己判斷重要程度），這樣，他就必須閱讀。開始他只是收集，後來，他逐漸會對一些事件發表看法，有的很幼稚，有的出人意料，但我都一律鼓勵。允許討論是認識真理的前提。每週一便士，歸他自己所有，自己支配，每當他拿到薪水時，自豪和興奮溢於言表。運用，已使小史賓塞在知識累積，和用知識獲取新知識方面，獲得了很大的進展，除此之外，在品行、習慣方面也收到了效果。從某種意義上說，他的確幫我做了一些必要的事，減少我的工作量。

其實這種運用幾乎在每個家庭和學校都可以辦到，需要的只是一點點教育觀念的改變。如果你在經商，可以讓孩子為你收集一些商業方面的資料，不管開始多幼稚，畢竟這是一個有益的求知過程。

「運用知識」成了小史賓塞的座右銘，即使後來面對很多僅僅是理論和基礎的學科，小史賓塞仍然保持著「運用」的習慣，這使他總會去研究與某一學科相關的現實狀況及原因。

快樂法則86 知識可以透過每天一點一點累積

從小史賓塞很小的時候起，我便開始培養他養成累積知識的習慣，我認為即使將來他完全脫離了學校和家庭教育，這種習慣對他都是有幫助的。我為他準備了許多可以長期保存的小筆記本，並和他一起把它們裝飾得很漂亮；我讓他把學到的東西都記上去，日積月累，就會有取之不盡的財富。

這種誘導開始並不容易，我就從他的存錢筒開始。

我為他準備了一個存錢筒，告訴他如果把平時得到的零用錢放進去，日子久了，就會有一筆數目可觀的錢，可以去買自己喜歡的、比較貴重的東西；他聽了以後，興致高昂的開始存錢了。這實在是為教育提供了很好的啟發，一方面說明孩子有累積的興趣，另一方面，他們看到自己累積的東西時會很有成就感。只是存錢是一件簡單的事，把得到的錢扔進存錢筒就可以了，剩下的事就是時常去搖一搖，聽聽它們撞擊時發出的叮叮噹噹美妙聲音。如果知識的累積也能變得有趣，那教育就太容易了！一次，我向小史賓塞提出一個建議，我說：「只是把錢存起來，而不知道這些錢是怎麼來的？一共有多少？有沒有遺失？好像還不夠好。最好做一個記錄，把每筆錢得來的過程、數量都記下來，然後每個月再取出來對照一下，這樣會更有趣。」小史賓塞想了想，覺得有道理。

有了記錄的習慣，再把這種習慣用到求知上就容易多了。我開始選擇的是許多孩子都感興趣的昆蟲學，每了解一種昆蟲，就把知道的記在自然筆記上。小史賓塞問我：「做這些有什麼用？」當然，他指的是現實能夠帶來樂趣的用途。我告訴他：「這和用存錢筒存錢是一樣的道理，你很快就能發現它的用途。不信，你可以試試在和小朋友玩遊戲時來使用。」

小孩子喜歡玩的遊戲之一，就是老師和學生的遊戲。誰都希望扮演老師，滔滔不絕的向別人說一大堆，我就讓他們玩這個遊戲。每次輪到小史賓塞的時候，他就拿出他的筆記本，頭頭是道的講一遍。因為有筆記本的幫助，他總會講得特別起勁。

任何事情的開頭都是困難的，一旦養成習慣，就不再困難了。時間一久，小史賓塞累積知識的習慣便慢慢養成了，用不著你去提醒他，每天，他都會樂此不疲的為筆記本增加一點點內容。

在小史賓塞大一點以後，我常常對他說，知識和善行一樣，是點滴累積的，每個人的財富和人生幸福、友誼等，也是靠點滴累積的。要有靜下心來做點滴小事的習慣，只要是發自內心，就一定會有樂趣。

人生活在世界上，並非時時刻刻都是興高采烈的，有很多時候都是平淡無奇的。如果我們善於在平淡中發現樂趣、累積知識，無疑是其中最有意義的活動。

為了使這一習慣得以穩固下來，我還鼓勵小史賓塞經常把過去記的筆記本拿出來整理。破損的，把它修好；有新認識的，再加上去。這樣逐漸的把小史賓塞的注意力，吸引到更有趣的事情上。

快樂法則87　讓孩子自己做選擇

我認為所謂命運，就是由無數選擇和取捨構成的。知識帶給人最大的好處，是讓人的選擇性更多。

同樣的，孩子們也經常面臨選擇，也常常會因為不明白選擇的道理而困惑。十個便士，是買小木偶呢，還是買糖果？是買這雙黑色的鞋呢，還是買那雙？星期六是先玩以後再做功課，還是先寫功課以後再玩？是看這本書呢，還是看另一本……？儘管每個孩子最終會選擇、取捨，但常常因為不可兼得，選擇前的猶豫和選擇後的後悔是常有的，多半會因此影響孩子的心情，使他自己陷入莫名其妙的壞情緒中。

小史賓塞開始也一樣，常常為不知如何選擇，和不明白選擇的含義而苦惱（這是成人也常有的表現），他總會說「假如我當時這樣，假如我當時那樣……」我告訴他說：「孩子，沒有假設，生活就是取捨。重點不在於想像哪一個決定比較好，而是滿意自己的選擇，並為之努力，然後充分享受選擇所帶來的快樂。」

小史賓塞十歲的時候，鎮上的公共圖書館因為資金的緣故關閉了，使許多孩子沒有書看，這實在是一件痛苦的事。一個偶然的機會，小史賓塞發現還有很多書堆在地下室的庫房裡，回來後他告訴我，這些書足夠開一間圖書館了。我告訴他，開圖書館必須有場地，還必須得到鎮議會的同意，你如果願意做，我會支持你，只是一切得靠你自己。

小史賓塞有些猶豫了，做，還是不做？孩子面臨著選擇。

一週以後，小史賓塞決定做，並要求我帶他到鎮議會。議員們禮貌的聽完他的話後都大吃一驚，鎮長表示他們需要討論一下。他們覺得，這也許只是孩子一時的熱情，拖一拖，熱情也就沒有了，不必為此事傷腦筋。

回家後小史賓塞問我：「議員們會同意嗎？」我想了想，看著他說：「你真的決定了嗎？」他肯定的點點頭。我說：「按你的選擇去做吧！」

此後，每天晚上，小史賓塞會打一通電話給鎮長：「你們同意我的請求了嗎？」但鎮長每次都告訴他：「還沒有。」就這樣，小史賓塞繼續打電話，打了幾個星期的電話後，也許鎮長確定孩子的想法並非一時興起，議員們也都同意了，但提出了苛刻的條件：一切都得小史賓塞自己做，沒有經費、材料；圖書館辦成後，必須由大人來管理。小史賓塞同意第一項，但拒絕第二項。他對議員們說：「既然大人沒有給我幫助，我也不需要大人來管理。」他還說，如果不同意的話，他會每天打一通電話給一個議員。最後，議員們讓步了。

接下來，小史賓塞開始了他艱苦的工作，他找來他的好朋友，我和幾個鄰居也一起幫他收拾。這是一個又暗又潮溼的地下室，而且很髒。第一天幹完活回來，小史賓塞抱怨道：「這個地下室太髒了。」我看著他說：「放棄嗎？還是繼續？」他像被激怒似的說：「繼續。」第二天，一個鄰居幫地下室裝了電燈，還有幾個小史賓塞朋友的父親搬

來了書架，平時總愛嘮叨的桑德斯太太還在牆上掛了布，桌上鋪了桌巾。一個嶄新的圖書館就這樣誕生了。

開放的時間是每週二、四，下午四到六點，每到這個時間，小史賓塞都會坐在圖書館裡。不斷有人送來一些舊書。圖書館沒有苛刻的規則，甚至不需要借書證，小史賓塞對每個人都瞭若指掌，他只記下借書人的名字和書名。

開始一切還算順利，但冬天來了，沒有暖氣的地下室寒氣逼人，幾乎沒有人來借書，只有小史賓塞和他的朋友乾坐著。小史賓塞回來說：「太冷了，沒有一個人來借書。」我又看著他說：「想放棄嗎？」他輕輕的搖頭。後來，一些鄰居把家裡不用的舊地毯送去鋪在地上，還裝了一個煤油取暖器。冬天和春天總算過去了，學校放暑假時，圖書館成了孩子們快樂的天堂。

倫敦的一家報紙率先報導了這件事。不久，英國皇家圖書協會贈送了一大批圖書，還頒給小史賓塞獎章，許多人從英國的各個地方寄來書籍和信，當他拿到獎章和熱情洋溢的信時，我問他：「選擇，還是放棄？」他再一次肯定的點了點頭。

當然，不是每個孩子都會有同樣的經歷，但他們都有類似的衝動。「選擇，還是放棄？」我希望父母和老師經常這樣問問孩子，這是孩子由感性走向理性，由幼稚走向成熟的重要一步，一旦他養成了習慣，他就可以在許多事情上不再處於混沌、曖昧的猶豫中；一旦他做出選擇，他也會懂得選擇的真正含義。

我認為，一個人只要他的選擇是發自內心的，並在選擇後勇敢的面對一切，他就一定會有成就。

要告訴孩子，選擇，也就意味著放棄，只有放棄別的，才是尊重自己的選擇。在成人的經驗中，我們都明白一個人以後的生活幸福與否、成就大小，不是取決於他是不是聰明、幸運，而是取決於他是否懂得選擇，並為之付出努力。我們不能因為孩子小，而不告訴他們這個道理，其實對他們而言，生活早已開始。

培養孩子終身受益的習慣吧！從生活中去選取教材，這是父母能給予孩子最好的禮物，它勝過金錢、財富或地位。

第17章 培養孩子的獨立性

- 其實，生活中有許多事是孩子們可以自己做的，只是由於身邊有可以依賴的人，他們就不做了。放棄了可以自己做的事，也就永遠得不到透過自己努力，隨之而來的快樂。

- 在日常生活中，經常讓孩子透過一定的勞動來換取他所想要的東西，比簡單的給予要更多。簡單的給予可能滿足父母「給予的樂趣」，卻使孩子失去自己爭取的樂趣；讓他用勞動來換取，則不僅給了他東西，還讓他學習生活的過程。

- 愛，也是教育的一部分。不要因為要培養獨立意識，而使愛和教育變得冷淡；也不要因為愛，而把孩子緊緊的摟在懷裡。

生活中，歡喜和憂心總是相伴而行。孩子出生以後，他的天真、可愛、依戀，就像冬日的陽光、雨後的彩虹那樣美麗動人。從此，你們會相互依偎、掛念，使生活平添許多歡樂與感動。相信這是每位父母都有過的情感體驗。

然而，就像蒲公英的種子一樣，一旦成熟，就會隨風飄離，到另一片土壤去發芽、生根。孩子一長大，就會離開父母，開始自己的生活，經歷各自的故事。那些曾經吹打過我們的風雨，也會吹打在他的肩頭；那些我們曾經面對的生活，也會出現在他的面前。這種憂傷與歡欣相伴的過程，會使母親落淚，父親感傷。

然而，孩子的確會離開，不管他們強壯，還是弱小。他們屬於新的世界，新的世界也在召喚他們。

這就是生命的必然。

從積極面來看，人類正是因此得以發展、繁衍，生活也因此變得豐富、多彩。不管我們是多麼愛他們，也不管思念和牽掛有多麼長，他們仍會走向自己的人生。因此，我們還是得抹掉淚水，把堅實的手掌放在他的肩頭說：「去吧，孩子，那是你的世界！」

但在和他們說再見之前，我們得為他們做一些必要的準備，知識的、品行的、習慣的、身體的……。從小培養孩子的獨立意識，則是最重要的準備了。

快樂法則88　讓孩子明白生活是自己的事

如果可能的話，每位父母都會這樣向上帝祈求：讓生活的艱辛遠離孩子，讓他們輕鬆而富足；讓邪惡的誘惑遠離孩子，使他們正直而清醒；讓孩子有美滿的愛情和婚姻；讓孩子永遠幸運。

然而，祝福和祈禱只是一種美好的希望，所有結果都必須依靠孩子自己的勞動和努力才能得到。

恰恰是因為如此，教育把它的目的鎖定在「適應未來生活」；也正因為如此，孩子需要從小鍛鍊獨立面對生活的各種能力。

動物世界中，這種教育（一種出自本能的教育）隨處可見。在狼的家庭中，幼狼出生不久，公狼會把牠趕出家庭，讓牠出去遊歷一番，讓牠在獨自生活的過程中肌肉更結實、知覺更靈敏、反應更敏捷。這是在殘酷的弱肉強食的動物世界中，可以生存下來的重要本領。

獅子也是一樣。當一頭獵物被捉後，並不是幼獅上前先吃，而是被趕開，等到公獅和母獅吃完後，才讓幼獅去撕咬那些剩下的、難咬的部分，這是為了讓幼獅從小就明白，美食必須透過激烈的搏殺才能夠享受到，未來真實的生活也是如此。在幼獅長到可以自己捕食的時候，也會被公獅趕出家庭，獨自在自然中訓練生存的能力，如果因為愛

而把一頭幼狼或幼獅留在身邊，一旦牠失去父母，而自己尚無獨自生存的能力時，無疑的，牠將會喪命。兇猛的動物在這方面都有共同之處：從小訓練幼獸獨立生活。

雖然人類社會不像自然界那樣殘忍，但競爭的激烈、複雜程度，比動物界更甚。弱小者失敗，強大者勝利；適者生存，不適者淘汰。這點，人類社會和自然界是相同的（當然，在人類社會裡，強大和弱小不僅指肉體，還包括智力、品行等方面）。

因此，我很注重培養小史賓塞獨立的能力和意識。我告訴他，生活是自己的事，應該自己去面對，儘管實際上我和許多父母一樣，會想盡辦法給他很多幫助。

小孩子跌倒是常見的事，許多父母會心疼的把他們扶起來，但對小史賓塞，我從來不這樣做，我只是鼓勵的看著他，或者說：「地上的石頭，想看你是否能自己爬起來呢！」

當孩子在學習上遇到困難的題目時，總希望父母能幫他。一般情況下，我只告訴小史賓塞透過哪些途徑可以解決，譬如：查字典、找資料。如果他還是要求我幫助他，我會說：「這是你自己的事，我相信你能解決。」

有時，充滿感情的語言比簡單的告知更有效果。「孩子，這是你自己的事，只有學會了自己去解決問題，你才能得到成長的快樂。」和「你自己的事自己做，我才不管你呢！」這兩句話說的是同一個意思，但效果肯定不一樣。

快樂法則89　讓孩子體會自我努力的快樂

一次，我和小史賓塞決定去爬德文特河上游的阿喀斯山。烈日炎炎，我們帶足了水和食物出發了。一路上，兩岸大片的麥田已經成熟，靜靜站在沒有一絲風的太陽底下；偶爾一隻鳥從頭頂飛過，發出嘰嘰喳喳的叫聲。走了一陣子，實在酷熱難耐，而我們都沒有帶遮陽帽，小史賓塞有些受不了了。我說：「能不能想個辦法遮一下太陽？」他想了想說，我們可以用樹枝來做帽子，這樣又涼快又好玩。於是，我們摘了一些帶葉子的樹枝，做成了帽子，真的涼快多了，走起路來也快多了。

下午的時候，我們到了阿喀斯山，我和小史賓塞一起往上爬。離山頂還有一段距離，但小史賓塞實在走不動了。他乞求的看著我，希望我能幫他一下，我沒有伸出手，而是鼓勵的說：「只有你自己爬上去，才會有真正的快樂。孩子，再加把勁！」

最後，我們終於登上了山頂，這時涼風陣陣吹來，從山上眺望德比城，以及像一條絲帶一樣的德文特河，風景如畫，美不勝收。小史賓塞快樂的叫了起來。

我們在一棵松樹下坐下來，一邊吹著涼風，一邊愜意的喝著水。我告訴他，其實，生活中有許多事是孩子們可以自己做的，只是由於身邊有可以依賴的人，他們就不做了。放棄了可以自己做的事，也就永遠得不到透過自己努力，隨之而來的快樂。

快樂法則90 讓孩子明白，要得到就必須勞動

與培養獨立意識相對的，常常是沒有原則的給予和滿足。如果一個孩子經常得到這樣的滿足，他會逐漸把一切都當成理所當然，獨立性會很差，習慣於依賴大人。

我們每位做父母的都清楚，我們會衰老，會一天天走向無力，精力和雄心都會隨著年齡的增長而減少，我們既不可能永遠給予和滿足孩子，也不可能代替他們去生活。未來的生活，需要他們自己更勤奮、努力。

我認為在日常生活中，經常讓孩子透過一定的勞動來換取他所想要的東西，比簡單的給予更好。簡單的給予可能滿足父母「給予的樂趣」，卻使孩子失去自己爭取的樂趣；讓他用勞動來換取，則不僅給了他東西，還讓他學習生活的過程。比如：他想買一雙涼鞋，因為同學們都有，好吧！用勞動來換取；他想買一本書，這是再好不過的事了，不過，也要透過勞動來換取。

家庭，既是孩子的搖籃和港灣，也是孩子適應社會和未來生活的訓練場。

小史賓塞七歲以後，他所得到的每一件東西，除了必需的學習和生活用品外，幾乎都與他的勞動有關，只是，這不可能真的像社會交易一樣等價，但是，是等值的。

我不期望他是一個神童，只希望他是一個心智和身體同樣健康，有愛心，懂得透過自己努力來獲取幸福生活的人。

我認為在貫徹「要得到就必須勞動」這一原則的同時，也應特別注意不要讓過多的勞動，特別是體力的勞動，影響求知的興趣和精力，這與許多父母出於生活的壓力或錯誤的觀念，過早把孩子當成家庭勞工，是截然不同的。

有的父母甚至把許多應該自己去完成的事，交由孩子去做。如果不是生活太貧困，千萬不要這樣做，這樣會損傷孩子的心智和身體。這種情況，在許多貧民家庭中經常可以看到。這種孩子的獨立意識是無可挑剔的，但他為未來生活做準備的時間和權利，卻被剝奪了，最後，只能像父母一樣，因為能力有限而艱難的生活。

快樂法則91　讓孩子獨立成長，也要真愛相伴

在談到培養孩子獨立意識的同時，我還想談談「真愛相伴」。我們希望孩子像雄鷹一樣高飛，用長期鍛鍊的有力翅膀翱翔蒼穹；然而，與獨立成長這種理性認識和訓練相伴的，應該還有父母的愛。愛，也是教育的一部分。不要因為要培養獨立意識，而使愛和教育變得冷淡；也不要因為愛，而把孩子緊緊的摟在懷裡。

小史賓塞十三歲的時候，我曾寫給他一封信：

親愛的小史賓塞：

這一天終於來臨了，不管我們是否做好充分的準備，從此，你將踏入一個新的世界，開始新的生活了。

我無法牽著你的手，把你安全的從這裡帶到那裡，這條路你必須自己去走。我能夠真正向你承諾的，只有對你堅定不移的支持——即使在你希望我走開的時候。我還會給你一些指引，把我的經驗告訴你，但這代替不了什麼，一切得由你自己決定，做出選擇，並承擔責任。

我最滿意的是你已經具備了基本的科學精神，和獨立思考的能力，我希望你能好好運用它們。

赫伯特・史賓塞

第18章 培養孩子健康的心理

- 應該教育孩子用積極的態度、心理，去面對身邊的一切事情。積極樂觀的心理像一個強而有力的磁場，又如同花蜜吸引蜜蜂一樣，會將各種有利的因素吸引到身邊，事情也就有了改變的可能。

- 培養自信最好的方法，莫過於得到肯定和讚賞，即使同時指出不足也不要緊；消滅自信最好的辦法，也莫過於經常性的否定和指責。

- 要經常對孩子說失敗也是生活的一部分，正如快樂和勝利一樣。要相信自己不一定是最好的，但一定是無可取代的，是母親的孩子、父親的小朋友。

在完成《心理學原理》這本書後，我便開始思考如何培養孩子健康的心理。成人的心理有一部分是兒童心理的演變，有一部分則只在成人的社會中才有。因此，我必須單獨來談這個問題。

對於教育來說，了解孩子每個階段的心理特點及其變化規律、應對方法，就像了解一部機器的內部構造一樣重要。孩子不同階段的心理特點及其形成原因；它們的各種誘導方法和結果；哪些行為僅僅是來自心理而不是理智、道德和情感；哪些心理導致積極的行為，而哪些導致消極的行為等等，都是教育者應該研究的問題。承認心理因素的存在，是現代教育的重大進步。

存在孩子身上的心理狀況、心理反應，就像一條隱祕而又曲徑通幽的森林小路，它時而平緩、寬廣，時而又狹窄、荒蕪。

快樂法則92 讓孩子樂觀面對生活

我認為應該教育孩子用積極的態度、心理，去面對身邊的一切事情。積極樂觀的心理像一個強而有力的磁場，又如同花蜜吸引蜜蜂一樣，會將各種有利的因素吸引到身邊，事情也就有了改變的可能。當孩子早晨醒來時，出現的第一個念頭是：「我的天啊！又是早晨了！」這一整天，他可能都無精打采；而他如果想到的是：

「早晨真好！」那麼，充滿快樂的一天就真的開始了。

兩個身陷沙漠的人都只剩下半壺水，一個想到的是：「天啊，只剩這麼一點水了，我快渴死了！」另一個想到的卻是：「我還剩半壺水，在水喝完前，我想我會找到水源的。」悲觀主義和樂觀主義，就這樣不同的影響著每一個人。

每當小史賓塞有些消沉時（這是每個孩子都會有的），我總是笑著對他說：「換一種角度來看，你會發現一切都和原來一樣美好！」

我曾說過一個樂觀弟弟和悲觀哥哥的故事給小史賓塞聽，這個故事深深影響了他。

樂觀弟弟與悲觀哥哥

有一位年老的父親，他有兩個可愛的兒子。耶誕節來臨前，父親為了考驗兩個兒子，分別送給他們不同的禮物，在夜裡，他悄悄把禮物掛在耶誕樹上。

第二天早晨，哥哥和弟弟都早早起來，想看看耶誕老人給自己什麼禮物。

哥哥的耶誕樹上禮物很多，有一把氣槍、一輛嶄新的腳踏車和一顆足球。哥哥憂心忡忡的把自己的禮物，一件件的取下來。

父親問他：「禮物不好嗎？」哥哥拿起氣槍說：「你看，如果我拿這把氣槍出去玩，說不定會把鄰居的窗戶打破，那麼一定會挨罵；還有這輛腳踏車，我是很喜歡，但是騎出去可能會撞到樹幹，一定會把自己摔傷的；而這顆足球，我知道我總會把它踢爆

的。」父親聽了，沒有說話。

弟弟的耶誕樹上除了一個紙包，什麼也沒有。他把紙包打開後，不禁哈哈大笑起來，一邊笑，一邊在屋子裡到處尋找。

父親問他：「為什麼這麼高興？」：「他說，我的耶誕禮物是一包馬糞，這說明肯定會有一匹小馬在我們家裡。」最後，他果然在屋後找到一匹小馬。父親也跟著笑起來說：「真是一個快樂的耶誕節啊！」

其實，在孩子的學習和生活中，很多事情也像這樣，樂觀的心理總會帶來快樂明亮的結果，而悲觀的心理則會使一切變得灰暗。不僅如此，這對他以後的生活也有很大的影響。

快樂法則93 父母要懂得，最好的幫助是給孩子信心

如果你什麼都已經做了，那就再多做一點——給孩子信心。

自信，是生命中積極、肯定的力量，正如樂觀的心理一樣，它是早晨露珠中閃亮的光澤，它是雨後樹葉上動人的綠色，它是生命中沒有塵埃的寶石，它是每個孩子走向成熟和成功的泉源。

每一個成人都明白，很多時候是信心拉近了與目標的距離，而不是目標真的就近在咫尺，對孩子來說，也是如此。當他擁有自信時，面對陌生的東西他不再畏懼，他希望成為它們的一部分，而後來也就真的實現了。

培養自信最好的方法，莫過於得到肯定和讚賞，即使同時指出不足也不要緊；消滅自信最好的辦法也莫過於經常性的否定和指責。

我們常常在生活中看到這樣的孩子：由於家庭貧困或自身條件差，也由於外界的歧視和不公，他們得到的肯定和讚賞少得可憐，而他們受到的打擊，卻像空氣一樣包圍著他們。他們也曾企圖反抗，但柔弱和善良的天性是反抗的最大阻礙，他們還保持著對周圍世界的一點點信任，但他們得到的常常是厭惡和拋棄，剛剛燃起的生命之火，又迅速面對狂風驟雨。

這種心路歷程一旦被描述出來，人們一定會大加同情，可是，它總是以不容易看見的方式，在一些人的內心進行。漸漸的，這些人會站在自己的對立面去反對自己、厭惡自己，為一點小小的過錯而懲罰自己，或者乾脆站在人群的對立面，討厭他們、憎恨他們。

自信心不足的孩子，常常對自己進行過度的自我懲罰，他們恐懼與人交往；對知識的陌生感和恐懼心理，又使他總是遠離知識，並不是他對知識沒有興趣，而是因為知識總與別人對他的歧視和不公相聯繫。

我認為人最大的罪惡，莫過於對另一個人生命的殺害，和對別人信心的摧毀。一種是從物質、肉體上讓人消失，另一種是從心智上把人徹底打倒。

因此，我認為應該告訴孩子們，生命和心智都屬於自己，來到世上是上帝的恩賜，不管成績好與不好，長得美或醜，家境貧困或富有，上帝給每個人的權利和智慧都是均等的。

要經常對孩子說失敗也是生活的一部分，正如快樂和勝利一樣。要相信自己不一定是最好的，但一定是無可取代的，是母親的孩子、父親的小朋友。

永遠不要對一個孩子絕望，就像永遠不要對自己絕望一樣。要善於發現孩子身上的優點、可愛之處，不要吝惜你的讚賞和同情。

我一直都是這樣對待小史賓塞的，我還認為：

如果我不能給孩子財富，那就給他尋找財富的信心。

如果我不能給孩子智慧，那就給他獲得智慧的信心。

如果我不能代替孩子生活，那就給他生活的信心。

快樂法則94　讓孩子懂得珍愛自己

教育的目的是「為孩子未來生活做準備」，它是一切教育行為的起點。

從很小的時候起，孩子就本能的開始認識自我了。三歲時，他會注意自己的長相，他會對著小鏡子，把自己的眼睛、鼻子、嘴巴一一認識一遍。大約從七歲開始，他們喜歡暗中將自己的身體與其他小朋友做比較，希望找到身體與心智、性格、能力方面的聯繫。這是孩子最早的自我認識。再進一步踏入群體生活，他們會對自己在群體中擔任的角色感興趣，模糊地把它與自己的身體聯繫起來（孩子總是從具體、感性的東西開始某項認識的）。這時，心理上的自我認識就開始了。

我認為在心理上的自我認識，將會是孩子以後性格的基礎之一，應該像告訴孩子們懂得自我保護一樣，告訴他們珍愛自己。珍愛自己，就不應該因外界的評價好壞而動搖。我們清楚每一個孩子都會在未來的生活中，擔當不同的角色，重要的不是角色如何，而是在每一個角色中自己如何。滿意自己嗎？富有愛心和同情心嗎？有責任心嗎？快樂嗎？思想不斷進步嗎？

我從來都認為一個人是否高貴，不在於別人怎麼看他，而在於他自己怎麼看自己。這一點，相信只要有一些人生閱歷和歷史知識的人都會贊同。

一次，小史賓塞告訴我，他們班上要排演一齣莎士比亞的話劇《威尼斯商人》，他扮演安東尼，他希望我幫他背一背臺詞，講一講每個情節中的人物心理。我當然很樂意，要知道，小史賓塞儘管閱讀能力超群，但口語表達是比較差的。我想，正好可以讓他練一練。

兩週後的一天，小史賓塞垂頭喪氣的回來了。他說，老師和同學們都認為他的臺詞說得像個哲學家，一點感染力都沒有，於是決定讓他放棄這個角色，只在幕後念旁白。我告訴他：「念旁白也很好啊！它能有力地推動故事情節的展開。」但小史賓塞顯然對念旁白不感興趣。

晚飯後，我們決定到屋後的花園走走。那是一個宜人的春日黃昏，玫瑰花的葉子已經綠了，葡萄架上的葡萄藤也發出了新芽，滿地的蒲公英綻放著一叢叢黃色的花絮。我隨手拔起一株蒲公英說：「我想把這些蒲公英拔掉，只留下玫瑰花。你覺得如何？」

「可是，這些蒲公英也挺好的，一定要這樣做嗎？」小史賓塞有些不捨的說。

我停下來，站起身說：「是啊！這些蒲公英也是美麗的，儘管它只是蒲公英，而不是玫瑰。每一個人都不可能成為別人，但只要他成為他自己，這也符合上帝的目的。」

小史賓塞似乎明白了我說的話，他又高興起來，要求繼續練習旁白。演出的那天我去了，並託老師轉送一束蒲公英給小史賓塞。那晚，他的旁白念得好極了。

很多年以後，我在整理小史賓塞的舊書時，在那本莎士比亞的劇本裡，發現了一束淡黃的、壓成薄片的蒲公英。

快樂法則95　讓勇氣為孩子帶來希望

我無法確定勇氣是否完全屬於心理學的範圍，因為它常常需要很多其他的因素來支撐；我也不能說勇氣就是勇敢的行為，但在生活中，勇氣就意味著希望。勇氣，常常在面臨困難和恐懼時才會產生，當然也常常在同樣的時候消失。勇氣是自我力量和智慧的肯定，是對待事物的一種積極心態，是內心不再猶豫的判斷。

幾乎所有的孩子在成長過程中，都會面臨是否具有勇氣，和如何具有勇氣這一問題。我認為應該從日常生活中培養孩子的勇氣，告訴他們經常以積極和投入的心態面對問題。當一個人不斷從心理上積極暗示自己時，他的反應能力、興奮程度和判斷力、想像力、記憶力都大大提高，進而有助於解決他所面臨的問題。相反的，一旦失去勇氣，則常常陷入自我譴責、自我畏懼的心理狀態中。

勇氣還有助於促使孩子做出比較、選擇，「不這樣做，難道還有更好的辦法嗎？」，然後使之果斷的做出選擇，並為之付出努力。

培養勇氣的辦法和培養自信心一樣，鼓勵、讚賞、肯定是最好的良藥，其次就是生活中的嘗試和磨練，並確定令人激奮的目標。

在小史賓塞很小的時候，我就開始訓練他。孩子從小到大注定要經歷許多對他們來說有一定難度，和令他們恐懼的事情，比如：黑夜、迷路、小朋友之間的競爭、陌生的環境以及犯錯後的懲戒、反省等等。所有孩子的自然反應，首先是希望得到幫助，或者大人能代替他去面對，但我認為除非必要，讓他自己去經歷會更好，大人此時需要做的，只是給予必要的關注，並告訴他如何運用自己的勇氣。

此外，我從不把一些殘忍的事看成是有勇氣的表現，譬如：對小動物的殺戮。我經常對小史賓塞說，一個真正有勇氣的人，是具有悲憫和同情心的。同樣的，我也從不把魯莽、衝動、缺乏理智的行為，看成是有勇氣的行為，我告訴小史賓塞：勇氣只是一種心理，除此之外，還應該經常使用理智。

第19章 教給孩子最有價值的知識

- 要告訴孩子，所有的知識都各有不同的內涵。例如：科學的真理具有永恆的價值，今天有，一千年以後也有。當然，我們必須承認，與整個人類始終有關的事實，比只與某些有限的年代才有關的事實更為重要。在其他情況不變時，有永恆價值的知識，比一時的知識更重要。

- 父母和老師都應該把科學方面的知識，當作啟迪孩子心智、訓練孩子思維、培養孩子思維習慣和方法的重要知識來傳遞。一個具有科學思維習慣的孩子，他在人生中會少走很多彎路。

- 生命規律的知識比其他任何知識都重要。生命規律不只是一切身心過程的基礎，也間接是人們一切往來、一切貿易、一切政治、一切道德的基礎；因為不懂得它們，就不能正確調節個人與社會的行為。

就像人們對食物有所選擇一樣，人們對知識也應該有所選擇。選擇食物的標準，一方面出於愛好，另一方面是為了身體的健康著想；同樣的，選擇知識，一方面出於興趣，另一方面是為了實現人生幸福的目的。

對於孩子來說，什麼樣的知識是最有價值的呢？如果生命是無限長的，那麼，所有知識都是有價值的，但實際上，人的生命是有限的，正如一首老歌：

要是人能穩有把握，
生命的歲月無限延長，
多少事他也能通曉，
多少事他也能成就，
全不用焦心，也不用忙。

每個人用於學習的時間都是有限的，不只由於人生短促，更由於人事紛擾。因此，我們不能不去審視所學知識對未來人生的價值，去比較花同樣的時間學不同知識的結果。這肯定是聰明的做法。

為了孩子未來的生活，為了他們能更有力的行動，對他們所學的知識應該加以選擇。怎樣對待身體，怎樣培養心智，怎樣處理事務，怎樣教育子女，怎樣利用自然界所提供的資源增進人類幸福，怎樣做一個公民……，這些應該是教

育的主要目的。我們在培育兒童時，應該審慎的根據這些目的，來選擇教育的內容和方法，而不是不加思考的趕時髦。

快樂法則96　教給孩子生活需要的基本知識

把各類知識進行分類，再根據它與生活聯繫的緊密程度進行排列，這雖然是件繁雜的事，但它對教育孩子的價值是多方面的。

1. 直接且有助於自我保護的知識。
2. 獲得生活資源，從而間接有助於自我保護的知識。
3. 撫養和教育子女的知識。
4. 與維持正常社會關係有關的知識。
5. 用於滿足愛好和感情的知識。

首先，保護我們個人安全的知識，和預防各種危險的知識，顯然應列在首位。

其次，一個人勞動、生產、工作養活自己的能力是必須的，只有他具備了這些知識和能力之後，才談得上結婚、生子，一個人如果連自己都養活不了，接下來要去承擔更多責任，就太困難了。

再者，就是撫養和教育子女的知識。從時間上看，家庭先於國家，在國家成立之前，家庭已經存在了，在國家滅亡之後，家庭還需要養育子女，所以，做父母的知識也應該學習。家庭幸福，是國家富足的基礎。

接下來，就是做一個公民所需要的知識，如：社會規則、個人責任等等。

最後，伴隨所有知識的，還應該有嚴肅活動之餘、各種不同形式的娛樂活動，包括：欣賞音樂、詩歌、繪畫等等。

理想的教育應該是所有知識和能力的完全準備，即使不能全部都掌握得很好，也應該有相當的比例。

要告訴孩子，所有的知識都各有不同的內涵。例如：科學的真理具有永恆的價值，今天有，一千年以後也有，比如：「水中運動的物體所受到的阻力，和運動速度成平方比」「氯是一種消毒劑」。由於懂得拉丁文和希臘文而增加了英語知識，可以算是從不同文化來了解字辭的源頭；而對於事件、人名、年代這些過去的事，則有歷史上的價值。

當然，我們必須承認，與整個人類始終有關的事實，比只與某些有限的年代才有關的事實更為重要。在其他情況不變時，有永恆價值的知識，比一時的知識更重要。

還有一點需要說明，獲得任何一種知識，都具有雙重價值：既可以用來做為下決定的準則，又可以豐富心智。

幸運的是，人生來就學會如何自我保護，造物主已經有了巧妙的安排。還在母親懷抱的孩子，看到陌生人就會躲起來，他已經表現出本能的萌芽，那就是逃避不可知事物帶來的危險；在孩子能走的時候，如果遇到可怕的事物，就會向母親叫喊、求救。不但如此，他時時刻刻都在追求自我保護的知識：怎樣保持身體平衡？怎樣控制動作而使自己不受碰撞。幾年以後，他們把力量用在跑、爬、跳，以及和身體技巧有關的遊戲中。我們看出，所有使肌肉發達、知覺敏銳、判斷準確的動作，都是為了讓孩子的身體在周圍物體中運動做準備。大自然既然已經照顧得這樣周到，在孩子的這個階段，這些事我們就應該盡量避免干涉（出於安全的提醒是必要的），而不是像某些父母對孩子所說的，這也不能做，那也要禁止。

但這還不是直接自我保護知識的全部。除了保障身體不因機械原因而受傷害外，還要保證不受其他原因的傷害。教育也要為這部分做準備，如：如何防止由於違反生理規律而生病、死亡；如何避免由於不良習慣所引起的能力喪失和逐漸衰弱等等。我們時常可以看到急性病、慢性病、身體虛弱、未老先衰的例子，有許多是只要有少許知識，就能避免的疾病。有人由於大意著涼，害了風溼熱，然後導致心臟病；有人由於過度學習，使得眼睛終身受害……。且不提那些由此引起的痛苦、煩躁、愁悶，以及時間、金錢的浪費，光是因為健康不良而使人生目標受到的莫大阻礙，都讓人深感遺憾，對工作難以勝任，教育孩子時情緒急躁（這是對孩子最有害的），對休閒娛樂感到厭煩……如

此種種。由於生活中的不幸福和不愉快而產生的失敗感，大多源自對自我保護生理知識的缺乏。因此，在教育中教給孩子保持良好健康和飽滿情緒的知識，是最重要的。

對於為了使孩子更容易找到好工作，而看重某些功課的情形，很多父母和老師都如此，有時還把它當作是教育的唯一目標，比如：物理、數學、化學、語文等，彷彿孩子只要學好這些功課，人生就可以無往不利，這其實是不完整的教育過程。

快樂法則97　科學比其他知識更重要

在所有知識中，我認為科學是使一個人終生受益，且具有永恆價值的知識。父母和老師都應該把科學方面的知識，當作啟迪孩子心智、訓練孩子思維、培養孩子思維習慣和方法的重要知識來傳遞。一個具有科學思維習慣的孩子，他在人生中會少走很多彎路。

（一）就增強記憶力來說，科學有獨特的作用

一般人認為，語文學習可以增強記憶力、理解力，我並不否認，但科學中的因果關係更有助於增強記憶力。在學習語言的時候，心中要形成的觀念，大都和一些偶然的事實相符；而在學科學時，心中要形成的觀念，大多是與一些必然的事實相符。

（二）科學更有利於培養孩子的判斷力

做為一種訓練手段，科學與語言相比還有一個優點，就是能培養孩子對事物的判斷力。當然文學也可以培養判斷力，但那主要是針對社會和人的內心情感。我非常贊同法拉第在皇家協會關於智育的演講，他說：「只有對周圍事物、事件，以及它們相互依存的關係明白後，才能做出正確的判斷。」傳統教育培養的孩子，最大的毛病就是缺乏真正的判斷力。

（三）科學在道德和品行的訓練上，也同樣具有影響

語言學習雖然是非常必要的，但它容易導致人們對權威的迷信，字典和老師是這樣說的，這件事就無可爭議，人們會不假思索的接受。而科學培養則是相反的心智情調，人們不單憑權威來接受知識，還能自由的檢驗，不但如此，通常還要求學生自己去得出結論。科學研究的每一步都要經由孩子判斷，在他還未見到事情的真實性之前，不要求他接受，這使他相信自己的本領，如果他的判斷、推論正確，那他的信心就進一步增強。從這過程中，他獲得了獨立思考和判斷的能力，這是品行中最重要的一部分。

科學培養所賜予道德的益處，還在於鍛鍊一個人堅毅和誠實。廷德爾教授曾寫一封信給我：

科學成功的第一個條件，就是真正的虛心，只要看到自己的成見與真理衝突，都願

意放棄。相信我的話吧！一種前所未有的高貴忘我精神，常常在一個熱愛科學的人身上體現出來。

(四)科學有助於培養健康的宗教情感

「科學有助於培養人的宗教情感」，這句話聽起來一定驚世駭俗，但我指的是培養一個人健康的宗教情感，我所說的科學和宗教，也是廣義的而不是狹義的，對於掛著宗教名義的一些迷信行為，科學當然反對，我也不贊同。

透過科學，人們會對一切事物在運動中所表現的一致性產生深厚的崇敬。透過知識和經驗的累積，人們相信所有現象中固定的因果關係、好壞結果的必然聯繫，人們看到服從規律的益處，因為按照這些規律，事物總會越來越美好。

透過科學，它讓我們真正理解自己。科學一方面把我們帶到已知的世界，又把我們帶到未知的世界。只有真正的科學家，才能理解自然、生命和宇宙全能是如何完美與和諧，從而使人產生真正的虛心、敬畏。

套用一個東方的寓言，我們可以說科學就像一個家庭苦工，默默無聞的隱藏著一些未被公認的美德，一切工作都歸到她身上，一切便利和滿足都因她的忠誠、技能和美德而產生，而她總是被壓在最下面，讓她那些高傲的姐妹向外界賣弄她們的美貌，直到最後，人們才看見她真正的美和價值。

因此，我再一次希望父母和老師們，把科學當作一件美好、有趣又益於人生的事，帶給孩子們。這既可以給他們的人生帶來財富，又可以使他們的心智具備美德。

快樂法則98 先於一切的生命科學

一般人應該具有基本的科學素養，最重要的是了解生命本身的科學，因為在因果關係的連續性、複雜性和偶然性，以及一因多果和多因多果的關係上，生命科學和其他科學是共通的，知道其中之一，有利於知道其他的全貌。此外，生命科學還提供了最適合孩子的訓練，因為生命和每一個人息息相關。

除了產生適合社會科學研究的思維習慣之外，生命科學提供的特殊概念，是其他科學的鑰匙，因為生命科學給予其他科學某些重要的概念，沒有這些概念，就沒有其他科學。比如：「力」的概念。「有機性」的概念，最初，人們如果要理解它們，只能從自身生命中來理解。

生命規律的知識比其他任何知識都重要。生命規律不只是一切身心過程的基礎，也間接是人們一切往來、一切貿易、一切政治、一切道德的基礎；因為不懂得它們，就不能正確發展個人與社會的行為。

生命的規律在整個有機世界的演化中，本質上是一致的，而且不先研究它簡單的表

現，就無法正確理解較複雜的表現。明白這一點後也就可以發現，兒童們渴望的戶外活動、青年們積極追求的知識，不過是引導他們累積素材以供日後運用，那些素材有一天將會有助於觸發另一項偉大的發現。

第20章 對孩子進行情感教育

- 在一個人的教育中，情感起著重要的作用。道德告訴人們應該怎麼做，理智告訴人們用什麼方法去做而情感則告訴人們，願意怎樣做。

- 教育的重要目的還在於培養孩子愛的情感，喚醒他身上沉睡的愛的情感。

- 愛，真的需要說出來。當你把美好的情感說出來時，同樣也會喚起別人美好的情感。

在人類的生活中，如果說道德就像浩瀚的星空，它以不變的位置、恆久的規則、和諧的完美讓人敬畏，那麼情感就像一條生生不息、永無止境的河流，它總是衝破重重阻礙，向著原野和山川流去。它時而溫柔的拍打著兩岸，時而激起滔滔浪花，有時滋潤著河岸的田野，有時又以千鈞之勢席捲而來。

在一個人的教育中，情感起著重要的作用。道德告訴人們應該怎麼做，理智告訴人們用什麼方法去做，而情感則告訴人們願意怎樣做。我認為在孩子的教育中，情感教育是不可少的。孩子一生中的許多精采故事、偉大行為，都來自於情感。它是道德的真正基礎，是理智的動力，是人類生生不息的力量。

快樂法則99　教孩子懂得愛的情感

有一些孩子，他的父母沒有多少文化，老師的文化水準也不高，但他們卻表現出超乎常人的毅力、耐心，並在許多領域中有傑出的成就。他們寬容，具有可貴的愛心；他們忍耐，總能克服各種障礙；他們常常令其他父母羨慕不已。是什麼原因促使他們具備這種能力？是什麼力量在他們身上流淌？我只能告訴人們，是情感的動力、愛的動力。

物質的貧乏、文化的閉塞並沒能阻擋愛的傳遞，那種愛，來自於他們善良的母親、勤奮的父親，以及樸實的老師，這些像大地一樣的人們可能什麼也沒有，只有愛和為愛

所做的付出。他們持久的默默工作，無言的忍耐，辛勤的生活。

只要看看耶穌所經歷的一切，所做的一切，以及人類在此之後所表現出的熱情，就可以看到愛喚起的情感力量多麼巨大。因此我認為，教育的重要目的還在於培養孩子愛的情感，喚醒他身上沉睡的愛的情感。對教育來說，愛的情感使教育尖銳的矛盾得到化解，也使孩子以更高的熱情，去實現教育的目標。

小史賓塞十歲的時候，一天夜裡，有人捎信來說我父親病得很重，需要從德比買些藥送去；這時，已經晚上九點多了。我趕緊買好藥，準備連夜送回鄉下。但從德比到我父親住的地方有二十多哩，這時已沒有馬車，又下著很大的雨。小史賓塞堅持要和我同去，他臉上緊張嚴肅的表情讓我無法拒絕，於是我們很快上路了。

雨下得越來越大，風一陣又一陣吹來，雨點密密的打在我們的臉上，不時還有閃電從夜空劃過，把路面和四周的田野照得雪亮。小史賓塞緊緊抓著我的手，不時用另一隻小手抹去順著頭髮淌下的雨水，眼睛瞪得大大的。路上坑坑窪窪，四周一片漆黑，我們手中的小燈只能照到一點點路面。

大約走了一半路程時，路邊出現一戶人家，我也感到小史賓塞已經累了，於是建議我們先在這裡躲躲雨，歇一會兒，但小史賓塞卻說：「我們還是走吧！去晚了，也許爺爺就不行了。」聽到這話，我心裡真有說不出的感動，於是，我們繼續在風雨裡趕路。

當我和小史賓塞把藥送到時，他已經疲倦得站都站不穩了。

第二天早晨雨停了，陽光灑在一望無邊的草原上，小史賓塞醒來的第一句話就問：「爺爺好了嗎？」我心裡反覆感嘆：這就是愛的力量啊！

我明白以後小史賓塞還會走更多的路，只要他有這種動力，再長、再黑的路，他也不會害怕了。

著名的醫學家華生博士，也和我談到了類似的經歷，這是他從事醫學最大的動力。

他父親是一位從來不拒絕出診的鄉村醫生，不管是颳風下雨，還是酷暑嚴寒。他很崇拜他的父親，他告訴我說：

一次，我陪父親一起去出診。我們走了幾十哩的山路，幫一個農婦看完病後，我看見父親對這位農婦說，在他走之前，她一定會好起來的，否則，他就不走了。父親握著她的手，講故事給她聽，她笑了，然後他扶她起床。農婦高興的說：「醫生，我真的覺得好多了。」父親這才和我一起離開。

這樣的例子實在是太多了。每位父母或老師正是透過種種愛的故事、愛的行為，才在孩子的心中，形成了久久無法磨滅，並影響他一生的記憶。

幾乎在每個成人的心中，都有一些永難磨滅的形象、記憶，這和科學知識給人留下的記憶一樣，只是作用不同。無一例外，愛的記憶帶來的是積極的情感動力。默默奉

獻、忍耐、寬容的母親；從不洩氣、為了家庭像堅強戰士一樣的父親；慈祥的祖父；嘮叨而無條件愛孩子的祖母；富有學識仍不失樸質的老師……，這些記憶，像人生道路上永遠閃耀的星星，不管一個人在知識的王國、在社會的領域走多遠，成就多大，都會謙遜地向留下美好回憶的人們致敬。難道，還有比這更成功的教育嗎？

快樂法則100　教孩子懂得感激和回報

在生活中不乏這樣的人：總是索取，不懂得回報；總是接受，不懂得感激。我不希望小史賓塞成為這樣的人，因為這樣的人表面上得到了不少，實際上卻一無所有。他們不管得到多少，也不會給自己和別人的人生帶來一絲一毫的樂趣。

我經常對小史賓塞說，要懂得感激別人，哪怕只是一點友好和善意的行為。我說，人不可能完全不依靠其他東西而生存，我們每天吃的食物、穿的衣服、住的房子、看到的風景，都與別人的付出有關，最簡單的例子就是大自然，它供給我們水喝，供給我們維持生命的空氣，供給我們溫暖的陽光、植物和森林……，了解這一點，就了解生命最基本的因果關係。

雖然我們要得到的每樣東西，都必須透過父母或自己的付出來換取，但很多時候，我們得到更多的給予，如：陌生人無償的幫助、老師悉心的教誨、某個朋友的鼓勵……

我告訴小史賓塞，只有懂得感激的人，才會贏得別人的友誼，才會得到別人的關心。人不是萬能，只有上帝才是萬能。

我不希望小史賓塞成為一個目空一切、完全以自我為中心的人，因為這將會給他自己和別人都帶來痛苦。我也深深明白，一個不懂得感激的人，總是把得到的都視為理所當然；總會忽略別人的善意，而銘記別人一點點的過失和冒犯。這樣的人總是痛苦多於歡樂，怨恨多於感動。一個內心缺少寧靜的人，很難長期專注的去完成一件事，只有感激，才能把一個人從怨恨中完全解脫出來。

快樂法則101　不向孩子灌輸仇恨

我們並非生活在一個完美的社會，實際上恰恰相反，我們生活的社會存在著不少問題，社會的不公、家庭的不幸、個人的境遇變化，都會反射到孩子身上。不是每個家庭都那麼幸福，不是每個家庭都那麼富足、無憂無慮；相反的，更多時候，我們會遇到各式各樣的問題。當孩子太幼小時，讓他們遠離這些是明智的，可是當孩子已經有意識、有判斷、會觀察時，則需要耐心的加以引導。

有一天，小史賓塞放學回家後情緒低落，當我問他時，他告訴我，班上一個叫莎莎的女同學，家裡遭遇了非常大的不幸，接著，他告訴我一件令人震驚的事。原來，莎莎的父親一直在德比城裡的建築工地做工，父親為了讓莎莎在這所學校讀書，工作很辛苦，總是很晚才回家；莎莎也很用功，希望努力學習來回報父親的辛勞。今天，莎莎突然被鄰居從課堂上叫走，鄰居告訴她，她父親出事了。當她見到父親時，他已經死了，據說，她父親是在建築工地偷東西時被打死的。頃刻之間，莎莎變成世界上最痛苦的人，她愛她的爸爸，她痛恨那些沒有人性的人，可是這一切都發生了……。小史賓塞講這件事時，一直泣不成聲。

貧困、野蠻、無知、愚昧、殘忍，這些事像海浪一樣撞擊著我的心靈，讓我一時之間說不出話來。當我鎮定下來後，我和小史賓塞談了很久，我不得不告訴他，這個世界上還存在許多罪惡的現實，但我希望他不要用仇恨，而應該用理智來看待。我們談到耶穌是怎樣被釘死的，是怎樣被無知和自私的人，用石頭、拳頭打得站不起來的。一切罪惡，都根源於無知愚昧，要改變這種現狀，只能透過知識和愛，沒有其他途徑。

我認為仇恨會吞噬一個孩子的心靈、蒙蔽他的心智，也會使他永遠失去安寧，必須指引他一條漫長但有效的路，必須告訴他《聖經》告訴過我的一切，那就是人類本來就存在各種的罪惡。當這種罪惡發生在自己或親人、朋友身上時，就是不幸，而解救之

道，就是不斷傳播愛與知識，消除貧困和愚昧。

後來，我和小史賓塞經常到莎莎家去看她，儘管作惡的人受到了懲罰，但莎莎內心的傷痛永遠無法彌補。一次又一次，我用同樣的話去消除莎莎心中的仇恨，因為這種仇恨，已經快把她變成一塊痛苦的石頭了，她哪裡還會有心思去求知呢？如果真是這樣，她受到的不僅僅是失去父親的打擊，還有失去未來的不幸了。後來，莎莎考上了倫敦神學院，走上一條傳播愛的道路。

快樂法則102 培養孩子必要的肅穆和敬仰

我認為任何一種文明的教育過程，都是對野蠻、狂熱、畏縮、放縱等情感的逐漸消除和淨化過程。伴隨著孩子嬉戲、玩耍，必要的肅穆和敬仰是有益處的。

它最大的作用是讓孩子體驗一種新的情感，那是一種與好動相對的安寧，與卑微相對的崇高，與放縱相對的自我克制，與爭鬥相對的和平，它最終達到的是在興趣之外的另一種快樂的情感體驗。

儘管許多孩子在學校的開學典禮、頒獎活動，以及家庭中的祈禱、教堂的禮拜上，並不一定完全都與成人的期望一致，對這種肅穆的氣氛，他們也許只會有十幾分鐘或幾

分鐘的體驗，但這種體驗和喚起的情感，是人生中非常可貴的，這是以後他進入團體生活時，所必要的一種認同感。

只要細心觀察孩子們在一起遊戲時的情形，就不難發現這種情感自然的存在，並逐漸演化成每個孩子莊重的一面，他們會在完全是自己的遊戲中屏氣凝神，聽一位年齡稍大一些的孩子指揮。

有時，我會把小史賓塞帶到這樣的場合去。開始他會有些不適應，後來他也逐漸受到感染。這種肅穆和敬仰的氣氛漸漸使他安靜下來，一旦我們回到平常的生活時，他會有明顯的改變。

快樂法則103　讓孩子感受到被愛和信任

愛是一回事，讓孩子感受到愛，則是另一回事。讓孩子感受到、聽到、看到、觸摸到愛和信任的存在，是培養孩子健康情感的一部分。

也許這對許多中年父母或過於嚴謹的家庭來說是有困難的，但困難並不在於這種愛不存在，也不在於這種愛是無需表達的，僅僅只是因為不習慣而已。

我認為愛要讓孩子感受到，這會激發他身上相對的積極的情感。

一次，我的朋友查理告訴我一個故事，這是他的親身經歷：一天，當我回家時，和往常一樣，我拿起報紙，端起咖啡。十二歲的兒子突然對我說：「爸爸，我愛你！」

在隨後漫長的幾秒鐘內，我只能站在那裡，不知道該怎麼回答，是點點頭嗎？還是語氣和善的「嗯」一聲呢？我竟然有些不知所措。最後，我問他：「你想說什麼？有什麼事嗎？」

他笑起來，向屋外跑去。我把他叫回來，問他怎麼回事。他笑著說：「這是我們老師要求我們回家做的一個實驗，你明天去問問她，就知道怎麼回事了。」

第二天，我真的去問孩子的老師。她告訴我，我們只是想透過這個實驗，了解父母在對孩子情感表達方面的情況，大多數的父親和你的反應一樣。

後來，這位老師還告訴我，她的父親一輩子也沒有對她說過這句話——我愛你。我忽然發現，我們這些在生活中打拼的人，或許太少發現自己的感情、表達自己的感情。我們早該知道，孩子不只需要桌上的食物和衣櫃裡的衣服，還需要父母對他說一聲愛啊！我的父親也從來沒有對我說過這句話。

就在那天晚上，我走進孩子的房間，準備向他說晚安時，我用一種深深的、富有男人味的聲音對他說：「喂，親愛的，我也愛你！」

孩子臉上出現的驚訝和感動表情，讓我心裡一酸，我暗自想，早知道我會天天這樣對他說的。

查理的故事的確也打動了我。愛，真的需要說出來。當你把美好的情感說出來時，同樣也會喚起別人美好的情感。

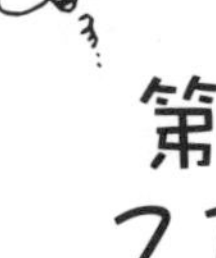

第21章 發揮父愛在教育中的作用

- 父親，是孩子通往外在世界的引路人。在孩子的教育中，無論是性格培養還是情感教育無論是智力訓練，還是道德、品行的培養，父親都有巨大的影響，好的和不好的影響都同樣巨大。

- 父親給孩子帶來的世界，是孩子們更感興趣的世界。父親應該引導孩子大膽的去探索，有勇氣的去學習，讓他們知道這是必經的過程。

- 由於父親在身體、氣質和思維上的特點，使他總是能積極解決各種問題，總是勇敢面對家庭的困難，總是以建設者、改變者的形象出現，因此，很容易被孩子當作心中的偶像，孩子也總會從父親身上，獲得面對外在世界的信心。父親經常和孩子親密接觸，孩子會變得更有安全感和自信心。

父親，是孩子通往外在世界的引路人。在孩子的教育中，無論是性格培養，還是情感教育，無論是智力訓練還是道德、品行的培養，父親都有巨大的影響，好的和不好的影響都同樣巨大。

每一個孩子，不僅僅需要一位物質意義上的保護者、供給者的父親，在精神上更需要父親，如果現實中不能得到，他們就會在虛擬的幻想世界中去尋找。如果在現實中，他的父親是一個專制、粗暴、狹隘的人，他們會在以後的生活中，去尋找寬容、民主、智慧的精神之父。

我認為在教育實踐中，父親的責任非常重大。

在現實中，由於生活的壓力，由於受教育的程度，更由於對如何教育和培養子女知識的欠缺，許多父親不通情達理，固執己見，不尊重孩子的權利和情感，而許多相應的問題也由此而生。在教育中，父親有著不可低估的影響力。

快樂法則104 父親是孩子通往生活的引導者

在傳統觀念上，父親被視為家庭的供養者，主要是保證孩子成長的物質條件，如：學費、衣食、醫療等，而教育孩子，特別是家庭教育，主要應該是母親的責任。不知道這種觀念起源於何時，但實在是一種誤解。其實父親是孩子通向外在世界的引導者，他總是用自己的言行，把孩子有意無意的引向外在世界，無論是大自然、我們所處的社會、成人感興趣的事情……，透過父親，孩子好奇的觀察著周圍的一切。

父親給孩子帶來的世界，是孩子們更感興趣的世界。父親應該引導孩子大膽的去探索，有勇氣的去學習，讓他們知道這是必經的過程。許多人在談到父親的故事時，都說明了這一點，父親不斷引導著孩子走向未來的世界。

喬治是我在倫敦認識的一位朋友，他透過自己的奮鬥，終於成了英國著名的律師。一次，他告訴我關於他父親的故事：

我在中學的時候，是一個很頑皮的孩子。一次因為衝動，我用刀子刺傷了一位同學，被判處一年管教。我的母親受到嚴重的打擊，弟弟也鬱鬱寡歡，爸爸卻什麼話也沒有說。終於在週末的晚上，正當我們吃飯時，爸爸做了一件我從來沒有見過的事——他放聲大哭，並嗚咽的說：「我的教育真失敗，怎麼會這樣呢？」

我心裡悔恨至極，我竟然使這世上我最熱愛、崇拜的人，失望到放聲痛哭的地步，這是我長大以來，第一次認識到自己不好行為的可怕後果，也認識到我使整個家庭蒙受了恥辱。我發誓，再也不會發生這樣的事了。

我父親原來是個律師，也是一個勇於競爭的人。他第一次競選議員失敗了，又振作起來參加第二次、第三次競選，最後，他成功了。父親的處世哲學是：對自己的行為負責。

第二天，父親送我去管教所，他眼睛紅紅的，但已恢復了往日的鎮靜。他對我說：「失敗也是生活的一部分，不要坐著對月亮咆哮，改變生活需要的是行動。」

快樂法則105 父親有著天生的教育優勢

我認為孩子對父親的崇拜，是父親教育孩子最好的幫助。

看到孩子總是依偎在母親的身旁，人們會認為孩子比較喜歡母親。約翰・福伯斯爵士做過大量心理實驗後，得出結論：孩子喜歡父親的程度超過母親。

孩子在依戀心理產生時，對雙親的依戀是相同的，但當來訪者在場時，孩子本能的把父親和母親區分開來，父親在場時，孩子們更會微笑，牙牙學語，注視父親。父親和孩子在一起時，總會發生一些有意思的事情，直到後來，父親的嚴厲、粗暴，完全破壞孩子的這種情感。

由於父親在身體、氣質和思維上的特點，使他總是能積極解決各種問題（至少表現出來是這樣），總是勇敢面對家庭的困難，總是以建設者、改變者的形象出現，因此，很容易被孩子當作心中的偶像，孩子也總會從父親身上，獲得面對外在世界的信心。

父親經常和孩子親密接觸，孩子會變得更有安全感和自信心。

快樂法則106　用賞識的心情，做孩子的朋友和夥伴

父子關係一方面是撫養、教育者，和被撫養、被教育者的關係，另一方面，又是夥伴和朋友的關係。

當孩子一歲時，父親對他的意向能敏感的注意到，對他的活動也應做出更多的鼓勵，而不是約束。孩子兩歲時，父子關係變得重要起來，因為這時母子關係處於生理上的斷奶期，也是孩子相對獨立的階段。孩子長到七歲時，會在心理上尋找超越母子關係以外的親密夥伴，這時孩子的情感更穩定，合作且敏感，父親最好成為他的第一個朋友。

父親除了觀察了解孩子的言談舉止，還應進入孩子的內心世界。理解、同情和支持孩子，將大大提高他們感知外在世界的能力，以及反省自我的能力。

小史賓塞在中學發生的一件事使我至今難忘。他的各科成績總是班上的第一名，在數學、生物學方面，他實際的知識已遠遠超過其他的同齡人。但有次考試他的數學並沒有得到第一名，他為此悶悶不樂，彷彿發生了一件可怕的事；他想找我談談，我當然願意。我告訴他，就像我自己不可能在社會上每件事都做得最好一樣，一個人不可能總是得第一名。小史賓塞問我：「如果是你，你會怎麼辦？」我說：「去祝賀那個得第一名的人。」後來，小史賓塞在日記中寫道：

好像聽到了一個朋友的勸告，我覺得我得到了另一種新的快樂。當我這樣做的時候，那位考第一名的同學所流露出的感激，使我終生難忘。他已經為了得第一名努力了三年，僅僅因為我，之前，他從來沒有如願過。

想想吧！只有和孩子同樣經歷各種競爭的男人，才能理解他們啊！我希望父親們用自己的人生經驗及所賞識的教養，經常像朋友一樣與孩子交流。

當孩子失敗的時候，告訴他：「一切都可以重來。」

當孩子遭遇不公的時候，告訴他：「這不是你的錯。」

當孩子悲觀的時候，告訴他：「你已經開始走向成功了。」

當孩子怨恨時，告訴他：「每個人都會出錯的，寬容一些，對大家都有好處。」

快樂法則107 父親們，請放棄統治者的角色吧！

在許多家庭裡，父親總擔任統治者的角色，由於個人的遭遇或勞累疲憊，他總會在沒有任何預兆下對孩子發出雷霆之怒，使孩子稚嫩的心靈在恐懼中顫抖；他要求孩子像士兵一樣服從命令，但真是這樣，他又會責備這是一個呆板而不夠聰明的士兵；他要求孩子像一個演說家，在公眾、親友面前為他爭得榮譽，但真是這樣，他又會埋怨他像一

只繡花枕頭；他希望孩子健壯得可以和一頭牛去搏鬥，但又會討厭他吃相粗魯……。

總之，孩子永遠是他不滿意的物件。他沒有娛樂，對家庭的前途充滿憂慮，他給孩子的體罰遠遠多過和氣的交談，這樣的父親如果長期和孩子生活在一起，將是一種災難。孩子要不是永遠與他的期望相反，沒有任何出息，就是很早在內心埋下了反抗的種子，只要時機成熟，他會憤而出走。

我認為父親在家庭中，應該完全放棄做為統治者的角色，如果他真的是為孩子的幸福著想，而不是只為了自己一時的發洩。

家庭就像一個國家，在一個專制的君主統治下，只會隱藏憤怒的奴隸，而不可能有思想獨立的天才；只有壓制和此起彼落的反抗，而不會有寧靜和安詳。

我認為，與自然界萬物的生長一樣，在教育中，寧靜、和諧、漸漸的發展、耐心的等待，這些都是非常必要的；相反的，太劇烈的變化、急切的要求，則是有害的。父親在很多時候，應該放棄自己的衝動、權威，讓孩子快樂的成長。

草坪缺少水的滋養，一定會枯萎，可是還有生長的機會；但如果遇到一場洪水，則可能全部死亡，因為洪水會把它們的根和土壤都沖個精光。

對教育來說，無論是為了願望、目的，還是結果，都應給孩子恰當的水、陽光和養分，讓所有的孩子都生生不息。

後記

◎顏真

當這部譯著完成時，夏天過去，秋天來臨，過去的幾個月是我心靈的快樂假期，我深深的被赫伯特．史賓塞富於人性的教育思想所震撼，為他奇妙的開創性教育方法所吸引。它們像夏夜星空一樣深遠、動人，我也為自己在日常教育中曾經犯的一些過失而慚愧，也為自己偶爾一些成功的教育方法而高興（它竟然與史賓塞的方法相同）。

我是那樣急切的希望把自己所看到的，告訴所有中國的父母和老師們，我堅信這無論是對孩子還是家長，都是一件美好而有意義的事。我在心裡說了一百遍：「這是每個孩子和父母的福音。」

感謝我的孩子們，因為他們，我得以聆聽一位智慧老人的思想；感謝我的妻子，她一如既往的支持，使我開始了人生中最有意義的工作；特別要感謝我的父母，他們在我童年所做的一切，使我今天仍精力充沛，思想敏捷，這也是教育的最好例證。

出於便於傳播的原因，本書在忠實原著的基礎上，也做了一些再創作。但願給讀者帶來思想的同時，也帶來閱讀的樂趣。

附錄1

培養不同階段孩子的智力標準

培養孩子智力的標準，是多年來人們對不同年齡層的孩子，他們的心智特點和一般發展次序的總結。我想，做為父母和老師，一定希望知道，孩子在哪一個階段？應該具備哪些基本的知識和能力？

來看看這些一般的次序和標準：

（一）孩子上幼稚園之前（兩歲半～三歲）

應該知道簡單的數字概念；能辨別方形、三角形、圓形等幾何圖形和實物；能區別有生命的和沒有生命的；能簡單說出他們真實或想像的經驗；能和同伴一起玩，並可和對方合作；能完成一些基本的動作，如：跑、爬、走、跳、塗顏色等（相對應的是數字邏輯、空間、語言、表達、肢體動覺等能力）。

（二）孩子幼稚園結束時（三～六歲）

能辨別數字和數字所對應的實物；應該認識字母，明白母音和子音；知道不同的社會職業、家庭角色；開始懂得生命演變的個別事例如：毛毛蟲是如何變成蝴蝶的；開始學會用簡易的地圖、照片、地球儀及其他工具去了解世界；懂得自然界的基本變化，如白天、黑夜、下雨以及四季變化；懂得人要在家裡住，要上學、上班，並需要一定的規則等；懂得一些安全常識。

（三）孩子一年級時（六～七歲）

能從一數到一百；知道雙數和單數及其規律；能做簡單的加、減法；能進行觀察、記錄、分類；明白更多生命演變的事例；懂得使用更複雜的地圖；懂得社區有很多人生活在一起。

（四）孩子二年級時（七～八歲）

會讀、寫三位數的數字，能從小到大或從大到小數任意五個數；能做二位數的加減法；能熟練的使用九九乘法表；能使用常見的度量衡，並知道相互關係；認識鐘錶；能進行一般閱讀並理解；明白不同的人、不同的職業和謀生方式；堅持寫摘記、讀書筆

記；能做簡單的計畫並完成；知道傳記、詩歌、散文等文學形式，懂得區分虛構和非虛構作品；開始獨立研究動物、植物等，並運用工具和資料；懂得人體必需的物品；懂得簡單的健身方法，如：深呼吸、散步、做體操等。

（五）孩子三年級時（八～九歲）

知道如何把數據資料做成曲線圖來表示變化；能比較十萬以內數字的大小；會做三位數的加、減、乘、除；知道如何收集資料，並分類保存；能簡單解釋人體健康和不健康的原因；會使用字典、詞典，獲得閱讀的快樂；懂得青蛙、蝴蝶和雞的生物演變過程；能做簡單的圖示。

（六）孩子四年級時（九～十歲）

能借助工具，運算很大的數字；能畫圖表；開始學習小數和分數；能透過地圖、圖片、圖表，來理解世界各地氣候的不同；開始大量閱讀不同類型的文學作品、報紙和雜誌。

（七）孩子五年級時（十～十一歲）

能列、讀表格；能對分數進行加、減、乘、除；能利用圖書館，開始自擬題目的研

究，得出結論；透過做筆記，對資訊進行綜合和分類；開始撰寫非虛構的報告和短文；能寫正式的信函；能夠對一本書的內容進行歸納，並做出評論。

（八）孩子六年級時（十一～十二歲）

能對小數進行各種運算；能理解各種幾何圖形及相互關係；能用清楚、簡明、有邏輯的短文表達觀點；能透過地圖、地圖集、地球儀了解世界；能闡述當代歐洲、亞洲等不同洲的主要問題；能論述人體系統的原理，理解人體健康的各種條件；具備基本道德和價值判斷的能力。

附錄2 史賓塞的教育手記

真正的自然教育是快樂的。孩子從具象和實物中得到的快樂，遠比抽象的更多。任何一位父母如果懂得大自然這位和靄而親切的老師，並把他介紹給自己的孩子，對孩子一生的幸福是絕對有幫助的。

教育，就從尊重孩子開始吧！應該尊重孩子的哪些權利呢？只要我們問一問自己，需要別人尊重自己哪些權利，就可以得到答案了。除了「政治」權利以外，都應該受到尊重，這是促使孩子們逐漸形成自我教育、自治能力和責任心的重要條件。

教育中一個重要的原則，就是對孩子要有同情心。同情，也是上帝賜給每一個人最寶貴的品行。同情可以讓我們去了解孩子、認識孩子，才能在教育者和被教育者之間，建立起真正的信任，更重要的是，同情心是孩子在受到精神和肉體上的傷害時，一道神奇的陽光。

在一個人的教育中，情感起著重要的作用。道德告訴人們應該怎麼做，理智告訴人們用什麼方法去做，而情感則告訴人們願意怎樣做。孩子一生中的許多精采故事、偉大行為，都來自於情感。它是道德的真正基礎，是理智的動力，是人類生生不息的力量。培養孩子愛的情感，喚醒他身上沉睡的愛的情感，不但使教育中太尖銳的矛盾得到化解，也使孩子以更高的熱情，去實現教育的目標。

一般人應該具有基本的科學素養，最重要的是了解生命本身的科學。生命科學和其他科學是共通的，知道其中之一，有利於知道其他的全貌。此外，生命科學還提供了最適合孩子的訓練，因為生命和每一個人息息相關。

除了產生適合其他科學研究的思維習慣之外，生命科學提供的特殊概念，是其他科學的鑰匙。生命科學給予其他科學某些重要的概念，沒有這些概念，就沒有其他科學，比如：「力」的概念、「有機性」的概念。最初，人們理解它們只能從自身生命中來理解。

生命規律的知識，比其他任何知識都重要。生命規律不只是一切身心過程的基礎，也間接是人們一切往來、一切貿易、一切政治、一切道德的基礎；因為不懂得它們，就不能正確發展個人與社會的行為。

生命的規律在整個有機世界的演化中，本質上是一致的。不先研究它簡單的表現，就無法正確理解較複雜的表現。明白這一點後也就可以發現，兒童們渴望的戶外活動、青年們積極追求的知識，不過是引導他們累積素材以供日後運用，那些素材有一天將會有助於觸發另一項偉大的發現。

繪畫，的確是智力教育的一部分，特別是在孩子的早期教育中。而且由於繪畫幾乎完全是由孩子自己完成的，因此也是一個快樂的自我教育過程。

孩子的興趣不管看起來多麼無用而離奇，也同樣可以通向對他一生具有偉大意義的自我教育。一旦他獲得這種能力和習慣，同樣會導向他成為一個傑出的、優秀的、有教養的人，關鍵在於他是否得到了正確的引導。只要細心去分析，你會發現，每種興趣都會有「有價值」的指向。

在實物教育方面，不但嬰幼兒需要實物教育，大一些的孩子和青年，也都應該重視。不僅是在家裡，課堂上也需要實物，還應該把範圍擴大，包括田野、樹叢、山林、海邊的事物，時間也應該持續更長。在這裡，我們只需要遵照自然的指引去做。

在道德管教方面，主要具有價值的，並不是體驗家長的要求或斥責，而是體驗那些在沒有家長意見干預下，他自己行為的後果。真正具有教育意義和有益健康的後果，並不是家長以自詡為自然代理人的方式給予，而是自然本身給予的，或以自然的方式給予的。

要使孩子勝任未來的工作，有幸福的人生，必須使他有健康的身體。而要成就一番事業，更必須要有能夠忍耐辛勞的強健體魄。有的孩子依靠突出的智慧，在未來取得成就；有的孩子依靠美好的德行，在未來取得成就；也有的孩子依靠過人的精力、體質，在未來取得成就。

對兒童來說，心智的成長和身體的成長是同樣重要的。心智和身體一樣，添加的材料超過一定的量就不能夠吸收，如果不能吸收，這些材料就不能成為心智中有機的一部分，應付完考試或滿足家長的要求之後，很快就會從記憶中溜走，而且這種強制性的辦法，還會使孩子對學習知識產生厭惡感，他會本能的反抗。

人們為了謀生，可以去做相當複雜的準備工作，卻很少為了子女的教育去做一點準備。是不是這件工作非常容易，不需要準備呢？絕大多數的父母都不這樣認為，因為這是一件塑造人的工作，可說是所有工作中最複雜的事情之一。

相信每位做父母的都知道，培養孩子良好的道德和品行，需要花費心思，付出勞力。即使這樣，仍會面臨孩子的許多反覆、變化，有時會讓你很失望，有時會失去耐心，

有時甚至會憤怒。但是回過頭來想一想，我們在生活中，有哪一件事不是需要長期的耐心、努力，才能成功的呢？

❀**不但要經常分析孩子們的動機，還要分析自己的動機。**分清楚哪些想法是出自於做父母的真正關懷，哪些是出自於自私、好面子、情緒的衝動。

❀**在教育孩子的同時，要教育自己。**在心智方面，你必須學好那門最複雜的學科——那就是在你的孩子、你自己和社會中，所表現的人性和它的規律；在道德方面，你必須經常發揮你高尚的情感，控制那些較低劣的情感。

❀如果說，能生兒育女是身體上成熟的標誌，那麼，**會教養子女，則是心智上成熟的標誌。**

❀**孩子的教育是一項長期的工作。**和其他特別重要的工作一樣，而這項工作的收穫也是必須耐心等待的，所以常常容易使人產生失望的感覺。最好的方法就是把教育變成漸進的、快樂的事情。

❀想要有效的執行理智和文明的教育，你就必須準備做一些心智努力：**要鑽研，要機智，要忍耐，要懂得自制。**

- 教育的最高目標，應該是**培養一個能夠自治、自省、自我教育的人**。
- **要少發命令**。命令，只有在重大的、可能對孩子自己或其他人造成危害時才使用。而如果真的發出了，則不應該輕易變動，千萬不要朝令夕改。
- **美好的道德品行總是隨著孩子的心智、經驗，以及心理成長，慢慢形成**。智力和道德的早熟都存在有害的一面，而不全是好處。有些童年便被稱為模範生的孩子，後來反而變壞；而一些能為人表率的人，卻往往是從平常的孩子中產生的。
- **友好、鼓勵是快樂教育的最佳方法**。一個長期得不到友好、鼓勵和正確訓練的孩子，他會在心裡產生厭惡和憎恨。「野蠻產生野蠻，仁愛產生仁愛」，這就是真理。
- **不論是父母還是孩子，為了任何原因發怒都是有害的**。因為父母在樹立威嚴的同時，也損害了同情，而同情是管教孩子所必需的。家長如果經常打罵兒童，勢必使親子之間產生隔閡；兒童的孤獨或怨恨，也會使家長對他的喜愛減少。我們非常清楚，如果親子之間的心靈和愛的聯繫中斷了，教育也就隨之無效。
- 急切的、人為的方法，總是會帶來有害的後果，而**運用自然的原則，必然會形成一種開明的家庭教育風格**，家長們不會再用專制的手段，去控制兒童行為的一切細節。如果只是使孩子承受自己行為的自然後果，就不會由於管教過多而犯下錯誤。

❀ **除了孩子行為所帶來的自然後果外，父母的反應也是一種後果，父母讚許或反對的態度，也是孩子行為的自然後果。**我們不提倡用人為懲罰代替自然懲罰，但不是完全不做出反應，因為這也是不可能的。應該運用這種反應，來當作自然懲罰的補充。

❀ **從孩提時代開始，父母和老師就應該尊重孩子的選擇，除了一些必須如此的事情外。**只有做自己選擇的事情，遇到困難時他才能去忍耐、努力，成功的時候，也才能真正享受到明智選擇的喜悅。但在進行選擇的同時，父母應該明顯指出那些有利或不利的因素，並告訴孩子，「你做的選擇，就應該承擔選擇帶給你的一切」。

❀ **教育所用的培養方法，也是能夠引起孩子內心快樂的方法。**不僅是因為獲得外在獎勵而快樂，而是活動本身是快樂的。快樂本身也是一種正常有效的心智活動的前提，快樂也是一種對人對己有價值的目標。

❀ **孩子在快樂的時候，他學習任何東西都比較容易；**但在情緒低落、精神緊張的狀態下，他的信心會減弱，這時，即使是一個偉大的教育家也不會有任何辦法。唯一的方法是先把他們的情緒調到快樂、自信、專注，然後再開始學習。許多被認為沒有天賦、天生比其他孩子差的孩子其實並非如此，只是教育者的方法不得當。

❁如果，一個孩子面對的是一位嚴厲的、總是斥責他的老師，即使你是他的父母、真的很愛他，他對你所說的和要求的也會厭倦。相反的，**如果是在一種友好、親暱和鼓勵的氣氛中學習，不但可以增加孩子對父母、老師的信任感，而且學習的效果會更好。**

❁**孩子自己得來的任何知識，自己解決的任何問題，由於是他自己透過複雜的心智和意志活動所得，就永遠歸他所有。**結合這種成就所需要的心智準備、思維的集中、勝利後的興奮，就使知識深深印在腦海裡，這比任何灌輸的知識都鮮明、生動、持久，而且讓孩子有勇氣和習慣去克服困難，有耐心集中注意力。

❁**兒童早期的智力培養，應該和他們在青少年時期一樣，是自助學習和快樂教育相結合的過程。**整個過程應該以培養自我教育能力為核心，它所引起的心智活動，應該是孩子樂意接受的。

❁**教育必須適合心智演化的過程。**孩子的心智和自然界一樣，是由簡單到複雜，由小到大，由少到多，由局部到整體，由具體到抽象的。能力的自然發展有一定順序，每個階段的能力則需要供給不同的知識。

❁在自我教育方面，**應該盡量鼓勵孩子自我發展**，引導孩子自己去進行探討、推論，應該盡量避免告訴他，而多引導他們自己去發現。

◎**孩子在每個不同年齡層所喜歡的智慧活動，都是對他有益的**，不喜歡的智慧活動就是對他有害的；孩子喜歡學某種知識，就意味著他的心智已經能夠吸收它。反過來，孩子討厭接受某種知識，就證明那種知識過早提出或方法不適當。

◎**在兒童表現出疲倦之前，功課就應該停止。**

◎**孩子的生與死、善與惡、成材與否，最終責任都在於父母。**即使是飼養一頭牛、一匹馬，人們都知道要去獲取一些相關的知識，而對於養育的是自己孩子這樣的大事，難道不應該去學習嗎？

◎音樂對於教育來說有什麼功能呢？音樂是情感的語言，音樂能夠喚起人的同情心，音樂使人分享幸福感，**音樂讓人與人透過另一種語言得到交流、安慰和鼓勵**。

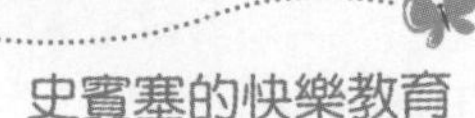

閱讀本書後——我信奉的教育格言

在認識教育這項工作的價值方面：

在學習教育的知識方面：

❁在培養孩子的智力方面：

❁在培養孩子的道德、品行方面：

❁在培養孩子的身體方面：

在培養孩子的心理方面：

在尊重孩子的權利方面：

在認識和發現孩子的潛能方面：

在認識孩子心智成長的規律方面：

在培養孩子的情感方面：

在培養推動孩子一生的自我教育方面：

在認識快樂教育的規律方面：

在對孩子的自然教育方面：

在培養孩子的獨立意識方面：

在培養孩子的習慣方面：

附錄4 閱讀本書後——我這樣期望並教育我的孩子

關於孩子的未來：

關於孩子的智力：

關於孩子的情感：

關於孩子應該掌握的最重要知識：

關於孩子的自我教育能力：

關於孩子的心理：

關於孩子終生受益的習慣：

關於孩子與自然的永久關係：

關於孩子的道德和品行：

關於孩子的興趣：

關於孩子的身體：

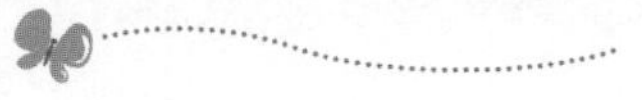

附錄5 閱讀本書後——我的教育目標和計畫

附錄6

閱讀本書後——我將這樣改變我的教育方法

附 錄6

國家圖書館出版品預行編目資料

史賓賽的快樂教育/赫伯特.史賓塞(Herbert Spencer)著；顏眞譯. -- 修訂三版. -- 臺北市：新手父母出版：英屬蓋曼群島商家庭傳媒股份有限公司城邦分公司發行, 2021.06
面；　公分

譯自：Essays on education

ISBN 978-626-7008-01-0（平裝）

1. 教育

520　　110009468

史賓塞的快樂教育〔暢銷珍藏版〕

Essays on Education

尊重孩子權利、避免過度學習的107個快樂提案，
培養自主學習/獨立思考/同理他人的特質

作　　者／赫伯特．史賓塞
譯　　者／顏眞
責任編輯／蔡意琪

行銷經理／王維君
業務經理／羅越華
總 編 輯／林小鈴
發 行 人／何飛鵬
出　　版／新手父母出版　城邦文化事業股份有限公司
台北市中山區民生東路二段 141 號 8 樓
電話：(02) 2500-7008　傳眞：(02) 2502-7676
E-mail：bwp.service@cite.com.tw
發　　行／英屬蓋曼群島商家庭傳媒股份有限公司城邦分公司
台北市中山區民生東路二段 141 號 11 樓
讀者服務專線：(02)2500-7718；(02)2500-7719
24 小時傳眞服務：(02)2500-1990；(02)2500-1991
讀者服務信箱：E-mail：service@readingclub.com.tw
劃撥帳號：19863813　戶名：書虫股份有限公司

香港發行所／城邦（香港）出版集團有限公司
香港灣仔駱克道 193 號 東超商業中心 1 樓
電話：(852) 2508-6231　傳眞：(852) 2578-9337
E-mail：hkcite@biznetvigator.com
馬新發行所／城邦（馬新）出版集團 Cité(M)Sdn. Bhd.
41, Jalan Radin Anum, Bandar Baru Sri Petaling,
57000 Kuala Lumpur, Malaysia.
電話：(603) 90578822　傳眞：(603) 90576622

封面設計／劉麗雪
製版印刷／卡樂彩色製版印刷有限公司

2007 年 10 月初版
2021 年 06 月 17 日 暢銷珍藏版
定價／ 360 元

Printed in Taiwan

城邦讀書花園
www.cite.com.tw

ISBN 978-626-7008-01-0

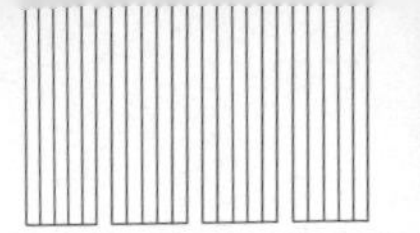

廣　告　回　信
台灣北區郵政管理局登記證
北台字第10158號
免　貼　郵　票

104　台北市民生東路二段 141 號 8 樓

城邦文化事業（股）公司
新手父母出版事業部

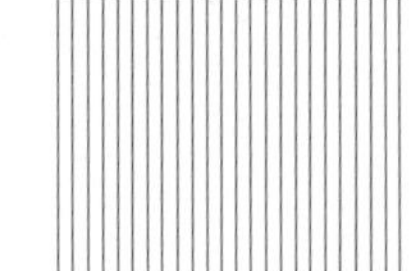

地址

姓名

請沿虛線摺下裝訂，謝謝！

書號：SH0020Z　書名：史賓塞的快樂教育〔暢銷珍藏版〕

新手父母出版　讀者回函卡

新手父母出版，以專業的出版選題，提供新手父母各種正確和完善的教養新知。為了提昇服務品質及更瞭解您的需要，請您詳細填寫本卡各欄寄回（免付郵資），我們將不定期寄上城邦出版集團最新的出版資訊，並可參加本公司舉辦的親子座談、演講及讀書會等各類活動。

1. 您購買的書名：______________________
2. 您的基本資料：
   姓名：__________________（□小姐　□先生）生日：民國___年 ___月 ___日
   郵件地址：______________________________________
   聯絡電話：______________________________________
   E-mail：____________________ □有小孩 _____個（_____歲）□尚無小孩
3. 您從何處購買本書：__________縣市__________書店
   □書展　□郵購　□其他____________________
4. 您的教育程度：
   1.□碩士及以上　2.□大專　3.□高中　4.□國中及以下
5. 您的職業：
   1.□學生　2.□軍警　3.□公教　4.□資訊業　5.□金融業　6.□大衆傳播　7.□服務業
   8.□自由業　9.□銷售業　10.□製造業　11.□食品相關行業　12.□其他__________
6. 您習慣以何種方式購書：
   1.□書店　2.□網路書店　3.□書展　4.□量販店　5.□劃撥　6.□其他__________
7. 您從何處得知本書出版：
   1.□書店　2.□網路書店　3.□報紙　4.□雜誌　5.□廣播　6.□朋友推薦
   7.□其他__________
8. 您對本書的評價（請填代號 1非常滿意 2滿意 3尚可 4再改進）
   書名______ 內容______ 版面設計______ 版面編排______ 具實用性______
9. 您希望知道哪些類型的新書出版訊息：
   1.□懷孕專書　2.□0~6 歲教育專書　3.□0~6 歲養育專書
   4.□知識性童書　5.□兒童英語學習　6.□故事性童書
   7.□親子遊戲學習　8.□其他
10. 您通常多久購買一次親子教養書籍：
    1.□一個月　2.□二個月　3.□半年　4.□不定期
11. 您已買了新手父母其他書籍：

    ____

    ____
12. 您對我們的建議：

    ____

    ____

    ____